LANZAMIENTO EXITOSO

CHECKO MARTINEZ

MASTERCLASS GRATUITA

POR TIEMPO LIMITADO - Al haber adquirido este libro tienes acceso a tu CLASE GRATUITA con tips adicionales para escribir tu primer, publicar y vender tu primer libro con éxito.

Haz click aquí para comenzar:
https://checkomartinez.com/taller-gratuito

ÍNDICE

Nada es casualidad en esta vida, todo sucede por una razón...

Fue lo que me dije a mi mismo hace dos años mientras estaba escribiendo mi primer novela. Mi intuición había sido muy fuerte a lo largo de toda mi vida. Sabía que había otra formar de lograr aquello que me había propuesto durante más de diez años. Publicar mi libro.

Sólo tenía que averiguar cómo lograrlo...

En este libro voy a explicarte exactamente cómo hice para escribir y lanzar con éxito mi primer novela y cómo puedes hacerlo tú también. Voy a ser realista y práctico con el objetivo de darte todos los consejos prácticos y necesarios para que puedas implementarlos por ti mismo.

Cada capítulo está lleno de ideas que puedes usar para tu beneficio. Voy a compartir contigo cómo escribir, publicar y promocionar tu libro en ebook y papel. Te mostraré la estrategia que usé para lograrlo.

Pero primero quiero que entremos en contexto. Voy a platicarte un poco de mi propia historia. Estudié cinco años de ingeniería en la Universidad Autónoma de Nuevo León. Todo esto me llevó a pasar por cuatro empleos diferentes. Terminé convirtiéndome en un Consultor de Procesos, perfil con el que documenté procesos durante más de cuatro años. Elaborando manuales e implementando nuevos procesos dentro de diferentes compañías. Durante este tiempo siempre busqué la oportunidad de encontrar tiempo para escribir un libro. De alguna u otra manera jamás lo lograba.

Entré al mundo online hace dos años cuando alguien me hizo la pregunta *¿has publicado algo en Amazon*?. Mi curiosidad me llevó a indagar más sobre el tema. Jamás imaginé la cantidad de información que había en Internet. Sobre todo las personas que te enseñaban a lograrlo.

A pesar de sentirme abrumado por el mundo de información que había encontrado, busqué las mejores prácticas para lograr mi meta. En agosto de 2014, publiqué la versión uno de mi primer libro de ficción. Este evento cambió mi vida y no porque no haya vendido muchas copias. Sino porque abrió todo un mundo nuevo para mí.

Aprendí cómo escribir y auto publicar libros de la manera correcta. Pero fue hasta el año 2015 que entré en el mundo del marketing para autores.

Hoy tengo un blog llamado Publica Tu Primer Libro. Comenzó en abril del 2016 en la ciudad de Chicago. Ha ido creciendo poco a poco y estoy muy contento de haberlo creado. Para 2015 había publicado dos novelas. Sin embargo, quería lanzarlas con un texto más renovado y poner en práctica los conocimientos que tenía hoy en día. Finalmente, en Agosto del 2016 lancé con éxito la segunda versión de mi primera novela "Secretos del Pasado".

Lograr esta meta significó mucho para mí. Estaba feliz de haber puesto en práctica lo aprendido. Aunque hubo muchas circunstancias que me llevaron a tomar las riendas de mi vida y dar el siguiente paso. Reafirmé la importancia de vivir cada día al máximo y quería hacer lo que realmente importaba. La vida es demasiado corta cómo para pasarla haciendo cosas que no te gustan. Si te encanta escribir, espero que este libro te ayude a publicar el libro de tus sueños y encuentres todas las respuestas que durante muchos años has estado buscando.

PARTE 1
La Mentalidad Correcta de un Escritor

¿Por qué escribir un libro?

¿Te ha pasado que vas caminando por la calle e imaginas todas esas historias que te emocionan? Parecía que no eran muy claras, pero, a medida que los días pasaban ¿tomaban más y más fuerza?

El día que te sentaste en tu computadora decidiste dejar de hacer las cosas a las que estabas acostumbrado y abriste un documento en blanco de Microsoft Word. Sentías una necesidad de sacar todo lo que sucedía dentro de tu mente y plasmarlo en palabras. Cada imagen. Cada personaje. Cada diálogo interno. Cada momento. Y así lo hiciste. Seguiste escribiendo hasta que te diste cuenta que tenías algo concreto y justo. Puedo asegurarte que en aquel momento sentiste una alegría muy profunda.

Algo que pudo haber sucedido es que después de muchos intentos por cambiar tus hábitos alimenticios decidiste salir a correr. No sabías cual de tus opciones era la más adecuada. Aun así lo hiciste. Habían pasado ya más de dos años sin ver resultados. Tu abdomen seguía abultado y no sabías que hacer al respecto. Y sucedió lo inesperado, empezaste a correr. Sin un plan, sin una guía. Solamente lo hiciste ya que ese fue tu objetivo inicial.

Después llegó la hora de ajustar tu "nuevo estilo de vida deportista" con un plan de alimentación. Al principio te sentiste abrumado, pero decidiste ir con un nutriólogo. Te dio un plan alimenticio que comenzaste a usar. Después de dos años de asesorarte con el nutriólogo y de correr 5 kilómetros diarios has bajado más de treinta kilogramos. Era hora de contarle al mundo como lo habías logrado. Pensaste que si tú pudiste, alguien más también podría. Así nació en ti la intención de escribir un libro.

Muchos de nosotros hemos sentido que queremos escribir algo. Queremos contarle al mundo algo que nos sucedió y que cambió nuestras vidas para bien. Sabemos que hay más de 7 mil millones de personas ahí afuera esperando a escuchar nuestras historias o nuestro mensaje para fines determinados.

Queremos contar esa experiencia con la intención de cambiar la vida de muchas personas. Una de las razones que más ha hecho eco dentro de mí es "querer mostrarle al mundo mis historias". Quiero regalarles grandes momentos de entretenimiento y que puedan disfrutar de mis libros página tras página. Quiero hacerlos olvidar esos momentos difíciles y que encuentren un escape en mis historias. Yo sé que tú también tienes un porqué. Tal vez quieras escribir un libro para marcar un impacto positivo en este mundo, convertirte en un escritor reconocido o ayudar a las personas. Cualquiera que fuese la razón, sé que tienes una.

Hay muchas razones en este mundo por las cuales escribir un libro. Te voy a compartir algunas:

1) Tienes una Historia o Un Mensaje Que Compartir Con el Mundo

Cuando era muy pequeño, me gustaba mucho jugar a los "monitos". Tenía una caja enorme llena de juguetes que me llevaba al patio trasero de mi casa. Pasaba horas jugando. Construía casas y edificios que representaban aquellos lugares donde contaría mis historias. Cada "monito" era un personaje y tenía toda una historia. Sabía que tenía algo que compartir en ese momento aunque fuera conmigo mismo. Conforme pasaron los años, seguí haciéndolo. Sólo que de otra forma. En una ocasión, durante los años de primaria, una de las profesoras me quitó el cuaderno para averiguar lo qué hacía. Descubrió dibujos con diálogos en las últimas páginas.

Ella me preguntó por qué lo hacía. Le dije que me encantaba dibujar. Y fue ese momento cuando descubrí que quería contar historias.

Es muy probable que tú tengas un mensaje que compartir con la gente. Tal vez enseñarles cómo bajar de peso, a ser mejores personas, a tener finanzas sanas o sólo contarles una historia.

Cualquiera que sea el mensaje, sabes que tienes que compartirlo. Hay una voz en tu interior que pide a gritos que lo hagas. Y esa es una razón muy poderosa.

2) La Gente Ama Las Nuevas Historias

Hay 7 mil millones de personas en este mundo que todos los días están buscando contenidos nuevas para leer. Hay personas que viajan durante dos horas al trabajo y utilizan esta ventana de tiempo para su lectura. En el metro, en el tren, en el bus, en las cafeterías y a veces en las calles. El índice de lectores ha aumentado gracias a la llegada de los nuevos dispositivos electrónicos. Y la verdad, yo soy uno de ellos.

A pesar de que años atrás mis hábitos de lectura eran deficientes, me emocionaban las nuevas historias que salían cada año a la venta. Sólo tocaba un libro al año. Tal vez dos o tres. Comenzaba a leerlos y después me olvidaba de ellos. Hasta que llegaron los nuevos dispositivos electrónicos de lectura, cómo fue el caso de las Kindle. Mi vida cambió para siempre y mis hábitos de lectura también. Me emocioné al tener a mi alcance todos los libros del mundo en un sólo lugar.

El mercado de la auto publicación de libros está creciendo a pasos agigantados y cada vez hay más lectores en todo el mundo a la espera de leer nuevas historias o buscando la forma de resolver un problema a través de un libro.

3) Tienes La Oportunidad de Comenzar una Carrera Cómo Escritor a Largo Plazo

Cuando estás escribiendo tu libro, sientes que eres capaz de escribir muchos más. No sólo llega el pensamiento de golpe, sabes que puedes lograrlo. Y se mantiene ahí, cómo un fuego ardiente, tal cómo me sucedió a mí cuando escribí mi primer libro.

Hay un punto en el que has comenzado a formar hábitos de escritura. Después de sentarte a escribir durante una hora o un tiempo determinado. Este es el detonante para iniciar una carrera cómo escritor a largo plazo.

Cuando hablo de una carrera, no digo que vayas a la universidad y estudies cinco años. Hablo de pulir tu arte al máximo. De sacarle brillo a los textos que plasmes por primera vez. De usar las palabras adecuadas sin confusión para que la gente que espera leer tus historias, pueda disfrutarlas al máximo. Una de las mejores escuelas para pulir tu arte es la lectura de nuevos libros. Puedes aprender de los mejores y de otros que están a la deriva contigo.

4) Estás Ayudando a las Personas

Hay una voz en tu interior que te pide contar las historias que más te emocionan y que has llevado siempre contigo. Cómo es el caso de los libros de ficción, muchas personas están en la búsqueda de leer nuevas historias que les proporcionen momentos de entretenimiento o qué los mantenga emocionados. Uno nunca sabe, pero es probable que una de esas personas esté buscando algún libro para olvidarse un poco de la realidad. Y eso es algo bueno. Por otro lado, hay personas que están buscando resolver algún problema en particular. Tu voz es la respuesta a ello. Esa gente quiere escucharlo de ti. Y tu labor cómo escritor es ayudarlos a través de tu mensaje.

¿Te ha pasado en algún momento que ibas a hacer o decir tal cosa y que otra persona te ha ganado la oportunidad?

Te voy a contar una historia.

Un día Josh, el esposo de Marie se acercó a ella.
—Oye Marie, vamos a hacer esos jugos para bajar de peso que pasan en televisión.
—No Josh, olvídalo, es muy caro.
Después, Josh le volvió a insistir a Marie en cambiar su alimentación a lo que Marie alegó no tener tiempo para ello. Hasta que un día, Marie vio que una de sus amigas publicó un

libro sobre "Cómo bajar de peso y tener una alimentación saludable". Marie se emocionó y le contó a su esposo.

—Oye Josh, he conocido a la persona más impresionante que habla sobre cómo bajar de peso a través de unos jugos deliciosos y una alimentación saludable.

—Marie, te lo he estado diciendo muchas veces.

Así que no importa cuántas veces una idea haya sido expresada, siempre hay alguien que está a la espera de escucharlo directamente de ti. Tal y cómo sucedió con Marie y su amiga. Y ese alguien, es tu audiencia.

5) Un Legado Para el Mundo

Escribir un libro es una ventaja muy grande. No cualquiera lo hace aunque cualquiera puede hacerlo. Es una elección. Y hacerlo es una cuestión de dar y recibir. Estás dejando un legado en el mundo y te estás convirtiendo en un escritor reconocido.

Es una cuestión de trascendencia invaluable, dado el valor que estás aportando a las personas con tu mensaje o tu historia. Uno nunca sabe cuántos escritores pueden leer nuestras historias en un futuro e inspirarse con ellas para escribir sus propios libros. Tal cómo me sucedió a mí con los libros que leía y las series de televisión que veía.

CHECKO MARTINEZ

Escribir un libro cuando tienes un empleo de tiempo completo

Como toda historia, también hubo un comienzo. No tan perfecto cómo yo lo hubiera querido. Cuando estudiaba en la universidad quería hacer algo más que ir a las clases, al trabajo o a las famosas prácticas profesionales. Sentía que necesitaba hacer algo que me importara, que me diera ese poder de dar rienda suelta a mi creatividad para crear nuevos mundos. Y logré hacerlo, durante mucho tiempo. Aunque todo comenzó a venirse abajo.

Cuando me gradué de la universidad no tenía la remota idea de lo que iba a hacer. Tenía un empleo temporal cómo practicante pero sabía que aquello no era mi destino o mi razón de ser. Así que obtuve mi primer empleo de tiempo completo y me cambié de trabajo. Y recuerdo con detalle un día que nunca olvidaré. Era febrero de 2011. Estaba en mi nuevo trabajo y había llegado la hora de comida. Así que salí de la oficina. Recuerdo que tenía una computadora de escritorio y trabajaba como Auxiliar de Mantenimiento con un sueldo de 250 dólares al mes.

Me dirigí a una tienda de tamales que estaba cerca. Compré cuatro y un refresco. Cuando terminé de comer llamé a mi mamá. Transcurría la época en la que las llamadas entre nosotros eran muy limitadas. Me preguntó qué tal estaba yendo mi primer empleo cómo ingeniero y le conté que estaba yendo bien. Hacía cosas y recibía un sueldo a cambio. Sin embargo, había un gran vacío en mi interior. Sentía unas ganas increíbles de gritar que las cosas no iban cómo yo quería. Habían pasado ya dos meses desde mi entrada a aquel empleo y la verdad comenzaba a aburrirme. Me sentía fuera de lugar y le dije a mi mamá que quería publicar mi libro.

—¿Qué libro? —preguntó ella.
—Es una serie de libros que he estado escribiendo desde hace mucho. Sé que puede llevarme tiempo pero lo puedo lograr —le contesté.

Aquella respuesta fue cómo una afirmación al universo. Después de aquel empleo, me cambié a otro de ventas dónde las cosas no resultaron cómo yo esperaba. Tuve un accidente en coche y regresé por tres meses a Ciudad Valles. Estuve ahí viviendo con mis papás. Decidí regresar a Monterrey tiempo después y obtuve un nuevo empleo, dónde duré sólo tres meses. Después de una cirugía de vesícula, regresé al mundo laboral. Encontré un trabajo en otra compañía con un puesto más remunerado. Gracias a ese empleo seguí escribiendo, aunque cada vez necesitaba más tiempo.

Dije adiós a aquel empleo en julio de 2012 para entrar a una maestría de tiempo completo. Era mi manera de tener más tiempo para escribir, aunque en realidad no tenía ni la más remota idea de lo que estaba haciendo. El punto era que quería conseguir tiempo. Finalmente, la maestría me rechazó, por razones que nunca tuve claras. No tenía empleo nuevamente y estaba en bancarrota, pero con una determinación firme para moverme hacia mi siguiente paso.

Así que seguí insistiendo. Fui a más de diez entrevistas y conseguí un empleo en un corporativo. La paga no era nada mal, era cuatro veces más de lo que había ganado en mi primer empleo. Era una oportunidad para desenvolverme en otro tipo de ambiente laboral, además, el horario no estaba nada mal. Sin embargo, las cosas no fueron del todo bien. En mayo de 2013 fui despedido de aquel corporativo. Mi vida era más abrumadora que nunca. Pero mis objetivos más claros y fuertes. No desistí y conseguí un nuevo empleo, cómo Consultor de Procesos. Finalmente hice realidad uno de los objetivos que tenía en mi vida. Usar mi carrera profesional cómo un trampolín para cumplir mis verdaderos sueños. Iniciar una carrera cómo autor.

Las cosas fueron bien en aquel entonces. Era agosto del año 2013 y entré en esta nueva compañía. Los nuevos aires de hacer cosas diferentes le dieron una sensación increíble a mi vida. Mis nuevos compañeros eran muy amables. Sentí que había encontrado el empleo que tanto había buscado durante los últimos tres años. El lugar de trabajo era muy limpio y muy cómodo para laborar.

Era un espacio muy amplio para llegar y acomodarme a mis anchas. El trabajo venía con una computadora portátil y un salario mucho más alto que el anterior. Además, estaba muy cerca de casa. Las cosas comenzaban a marchar bien. Seguí escribiendo lo que restaba del 2013, aunque me invadían todo tipo de temores. Tenía miedo de ser rechazado y que mi libro no fuera perfecto. Sentía que las editoriales no me aceptarían y que publicar mi libro me costaría mucho dinero. Estos miedos me paralizaron durante muchos meses. Pero algo que me ayudó fue el cambio de alimentación que comencé a llevar. Los resultados me dieron más fuerzas para seguir con mis metas. Para mayo de 2014, había perdido veinte kilos y finalmente tenía el primer borrador de mi libro terminado.

Yo creo que en algún momento también tú también sentiste lo mismo, y que las circunstancias no fueron favorables para plasmar tus historias. Escribir un libro cuando tienes un empleo de tiempo completo puede ser fácil pero lleva tiempo. Esto se debe a las situaciones que hay a tu alrededor ya que todos tenemos vidas muy diferentes. Nuestro catalizador para tomar acción funciona a un ritmo lento o acelerado.

En algunas ocasiones llegaba el fin de semana y no veía avance alguno. Prefería salir con mis amigos a emborracharme. Pasaba los domingos comiendo fuera de casa para curar la resaca de cada fin de semana. Y la verdad, no digo que sea bueno o malo. Pero si realmente quieres caminar hacia un objetivo quizás ese estilo de vida no es el más adecuado. Al menos no lo era para mí.

Durante muchos meses oculté que era un escritor en mi último empleo. Sentía que las cosas o situaciones jugarían en mi contra. Tenía miedo de que mis compañeros pensaran que iba al trabajo sólo a escribir y no a trabajar cómo se suponía. Y más porqué durante un tiempo escribí en mis tiempos muertos porque terminaba mis tareas muy rápido.

Hubo ocasiones en las que busqué las respuesta fuera de mí, sobre todo cuando conocí el término "libertad financiera". Creía que si la alcanzaba tendría el tiempo para escribir mi libro. Lo peor fue que me creí esa idea y algunas personas la apoyaron. Sin embargo, no fue su culpa. Entre más pensaba cómo acabarían las cosas, más era el tiempo que pasaba sin terminar mi libro. Hice cursos desde bienes raíces creyendo que me ayudarían a lograr la libertad que necesitaba. Pero la cosa no iba por ahí, al menos para mí. Y el viaje apenas comenzaba.

Logré terminar de escribir mi primer borrador después de sentarme diez sábados en un Starbucks. Mi siguiente paso era encontrar a una editorial así que durante los meses siguientes contacté a más de diez editoriales. Algunas dentro del país, otras fuera y algunas más en Estados Unidos. Nada daba resultado. El proceso era largo y los requisitos demasiados. Me sentía abrumado y el miedo al rechazo era intenso. Pero era más fuerte el miedo al no saber qué era lo que tenía que hacer para comenzar aquel proceso.

Por mi mente nunca pasó el término "auto publicación", hasta que lo conocí en julio del 2014. Para entonces había dejado de buscar editoriales y estaba más concentrado en encontrar una forma de lograr lo que quería. Encontré información en Internet a través de blogs. Contraté a algunas personas para que me compartieran sus conocimientos sobre la auto publicación: la nueva manera de publicar libros. Y cómo todo, hubo pros y contras. Sabía que el mundo estaba cambiando y que la manera de hacer todo tipo de cosas también estaba cambiando. Finalmente logré publicar mi primer libro a través de Amazon en agosto del año 2014. El título de la novela era "Secretos del Pasado" y pertenecía a la serie "Los Protectores".

Cuando tienes un empleo de tiempo completo puede haber muchas situaciones que jueguen en tu contra. Algunas son los horarios, las entradas al trabajo, el tráfico, las opiniones de tus compañeros de trabajo, las opiniones de tus seres queridos más cercanos, los pendientes de última hora, las salidas con los compañeros del trabajo, jefes que te piden actuar de manera insípida ante líderes autodidactas de las organizaciones, etcétera.

Es probable que en este momento ya te hayas identificado con alguna de ellas. Lo sé por qué yo estuve ahí y viví cada una de estas situaciones. Llegué tarde en muchas ocasiones al trabajo por levantarme temprano a escribir. Me regresaron a mi casa en dos ocasiones y me perdí muchas invitaciones de mis compañeros para salir por unos tragos. Me negué en varias ocasiones a quedarme más tiempo. Cambiaba mi hora de comida para escribir. Corrí muchos riesgos pero descubrí lo que mejor me funcionaba para hacer las cosas de una manera simple, ordenada y menos complicada para mis días futuros.

CHECKO MARTINEZ

Escribir un libro cuando tienes una agenda ocupada

Tal vez tienes un empleo de tiempo completo y quieres escribir tu libro, pero, ¿qué pasa cuando tienes una agenda ocupada?

El ejercicio se convirtió en parte de mi rutina en el 2013 cuando justo comencé a tomarme en serio el hábito de correr dos días a la semana. Con ello, vino un cambio de alimentación que no sólo transformó mi cuerpo, sino que cambió mi vida por completo. Además, ¿quién no disfruta pasar tiempo de calidad con los amigos? Yo soy de aquellas personas que prefieren no encasillarse en un sólo grupo de amigos .Me gusta tener muchos amigos y pasar tiempo con ellos.

Durante los últimos años de mis veintes quería disfrutar mi vida al máximo y sabía que tenía intereses diferentes a los de muchas personas. Diversificar en todos los aspectos de mi vida era muy importante para mí. Cambiaba mi rutina muy a menudo para darle a mi vida esos giros que necesitaba. Tenía una vida social muy activa a pesar de ser una persona muy independiente y solitaria.

Durante mis últimos dos años en Monterrey, México me di cuenta que no era de compañeros de casa. Debido a mi estilo de vida y mi independencia, me gustaba más vivir solo. Ahora, después de la aventura de mi vida en la ciudad de Chicago durante más de seis meses, mi vida ha cambiado por completo. Pasé noches en hostales. Viajé con todo y maletas en tren y en autobús. Pasé días sin saber dónde iba a dormir en la noche o cual sería mi comida al día siguiente. Caminé con mis maletas por toda la ciudad durante la madrugada. Mi vida cambió y mi mente se abrió ante nuevas posibilidades.

El punto es que muchas veces nos complicamos la existencia con nuestras rutinas. Es normal, claro. Pero cuando queremos lograr un objetivo cómo escribir un libro, hacer grandes sacrificios cuesta y mucho. Además del gimnasio, las idas a correr, hacer despensa, cocinar la comida de la semana, limpiar el departamento, alimentar y cuidar a dos gatos, pagar las cuentas del departamento, asistir a reuniones de networking para conocer a otros emprendedores, salir con mis amigos, tener un negocio extra de fotografía había también un empleo de tiempo completo. Sentía que me volvía loco y que no tenía el tiempo para escribir mis libros. Me resultaba demasiado incómodo porque también me gusta ver muchas series, pero sabía que la escritura era mi prioridad.

Decidí eliminar las cosas que no funcionaban. Sabía que con un plan me acercaría más a mi objetivo. Y con el tiempo fue posible.

Tal vez has sentido que no tienes tiempo para hacer muchas cosas. Es normal, porqué a veces no sabemos cómo realizarlas. Escribir un libro es algo que requiere tiempo, esfuerzo, dedicación y mucho enfoque. Pero no quiero que te agobies por ello.

Ahora que hemos recorrido una parte del viaje voy a enseñarte cómo escribir tu libro y publicar tu libro paso a paso, aún y cuando tienes una vida muy ocupada.

Ahora te quiero preguntar,

¿Estás listo para comenzar?

La mentalidad correcta

Ahora que has decidido que vas a escribir tu libro, uno de los primeros pasos es tener la mentalidad correcta. No hablo de una mente cerrada o de una mente muy abierta. Hablo de la mentalidad que te llevará a lograr tu objetivo que es publicar tu libro para mostrar tu mensaje al mundo.

Pero primero, debes hacer un alto y pensar, *¿qué significa para mi escribir un libro?*

Tal vez signifique entrar en un nuevo mundo donde podrás conocer a muchos escritores y conectar con ellos. A lo mejor significa compartir tus historias con las personas o cambiar la vida de alguien. Cualquiera que sea el resultado que quieres lograr, debes tener claro lo que significa para ti hacerlo.

Otra de las cosas que necesitas saber es *¿por qué quieres escribir un libro?*

Tal vez cuando lo pensaste, por tu mente pasó ayudar a muchas personas o imaginaste a un grupo de gente entretenida leyendo tu libro. Estoy seguro de que has regresado a ese momento en el que imaginaste lo que la gente obtendría cuando te leyera. Hay varias razones por las cuales escribir un libro: para convertirte en una autoridad dentro de tu nicho (medicina, bienes raíces, finanzas personales, emprendimiento por internet, etc.), para ser un escritor reconocido, comenzar una carrera cómo autor, ayudar a las personas a través de tu mensaje o dejar un legado en este mundo.

Debes de tener muy claro por qué quieres escribir un libro ya que ello será el combustible que te alimente cada vez que despiertes por las mañanas. Tiene que ser una razón muy poderosa que te haga mantenerte en el camino.

Algo crucial que también debes saber es *¿qué quieres lograr con tu libro?*

¿Es un propósito que desde siempre te has prometido año tras año? ¿En verdad quieres hacerlo para contarle una historia al mundo? ¿Quieres solucionar la vida de miles de personas a través de tu experiencia? ¿Quieres crecer tu negocio a través de un libro? ¿Quieres posicionarte cómo un experto?

Es importante que sepas qué es lo que quieres lograr una vez que lo hagas.

Una de las cosas más importantes que he aprendido a lo largo de estos últimos años es el poder de la visualización de las metas. Muchas personas aún no creen en esto, y tampoco pretendo que lo hagas de la noche a la mañana, aunque, al visualizarte a ti mismo logrando lo que siempre has querido te llevará más lejos de lo que imaginas. El hacerlo, no sólo te ayudará a lograr la meta, sino que te mostrará toda una serie de eventos que te llevará a aprender nuevas cosas, desarrollar nuevas habilidades como por ejemplo perder el miedo a hablar en público en una conferencia.

Uno de mis grandes mentores, Jeff Goins, autor de *"You're a Writer"* y *"The Art of Work"*, dice *"Eres un escritor... sólo necesitas comenzar a escribir"*. Al principio puede sonar muy complejo ya que a veces no sabemos cómo empezar, pero sin embargo, hay mucha verdad en esa frase. Eres un escritor desde el momento en el que sabes que necesitas contar una historia a través de un libro.

Lo único que necesitas es comenzar a escribir.

Buscando tu llamado

¿Has tenido la sensación de que necesitas hacer algo más que ir a tu trabajo o salir con los colegas a tomarte unos tragos?

Imagina ese momento en el que vas caminando por las calles de tu ciudad, con la mente en blanco y en silencio dirigiéndote al lugar dónde tienes que estar... y de pronto tienes la sensación de querer escribir un libro.

A mí me pasó y estoy seguro de que a ti también, tal vez no de la misma forma. Hace muchos años, cuando tenía la edad de siete me encantaba pasarla con mis juguetes en el patio trasero de casa dónde montaba una ciudad de juguete con cajas y ladrillos. Creaba historias sin parar. Era una pasión desenfrenada para mí. Aunque con el pasar de los años comencé a hacerlo en forma de historietas. Quería contarme a mí mismo todo lo que pasaba por mi mente. Me encantaba dibujar todo lo que imaginaba. Dibujaba ciudades completas. Pasaron los años y el hábito de crear historias cambió de escenario, ahora lo hacía escribiendo a puño y letra en mis cuadernos. Cada verano que iniciaba el ciclo escolar durante las compras de los útiles metía dos cuadernos extras para crear mis historias.

El tiempo pasó y entré a la universidad. La forma de crear historias también cambió. Ahora lo hacía en la computadora, con un documento de Microsoft Word y una imaginación desatada. Pasaba horas escribiendo las historias más locas que pasaban por mi mente, en especial las que creaba gracias a los libros que leía y a las series de televisión que veía. No era el mejor escritor entonces pero tenía un don maravilloso para crear tramas y personajes. Sabía que tenía que hacerlo y ya había dado los primeros pasos desde años atrás.

En agosto de 2014, después de publicar mi primera novela me di cuenta que el mundo estaba cambiando de forma impresionante. La forma de entregar tus historias a través de la auto publicación era maravillosa. Con tan sólo 27 años tenía la oportunidad de comenzar una carrera cómo escritor. Era una oportunidad para dejar pasar o tomar. Fue el momento en el que encontré mi llamado aunque había una preguntaba que resonaba en mi mente de sobremanera: ¿Qué sigue?

Lo que vino después fue toda una serie de eventos que desencadenaron la publicación de dos libros más y la intención de marcar una diferencia en este mundo.

Derribando mitos

Cuando estaba escribiendo mi primer libro, tuve muchos obstáculos de los cuáles la mayoría eran mitos. Cómo en muchos de los casos, hay mitos sobre hacer cualquier cosa que ni siquiera han sido probados, buenos y malos. Pero yo te quiero hablar de los mitos malos en este capítulo, los cuales te han detenido a lo largo de los años de escribir y publicar tu libro. Desde pequeños se nos han inculcado las cosas que debemos hacer y las que no. Hemos adoptado creencias y nos hemos resistido ante otras.

Hemos escuchado la palabra "no" en muchas ocasiones, mientras que la palabra "si" ha resonado poco. "No hagas esto" "No toques esto" "No lo rompas" "No hagas desastres", etc. Sé que a lo mejor piensas que un escritor no debe trabajar la parte psicológica o mental, pero yo quiero decirte que sí debes hacerlo. Si quieres llegar lejos en cualquier meta debes tener la mentalidad adecuada para lograrlo. Desde bajar de peso hasta dejar de fumar o adoptar un estilo de vida saludable. En este caso, también para escribir y publicar un libro.

Cómo escritor, hubo algunos mitos que por años me frenaron y a la vez convirtieron a la procrastinación en mi peor enemiga. No sabía cómo hacer muchas cosas y lo peor fue que renuncié a mis sueños durante mucho tiempo.

Hay muchos mitos alrededor de la escritura y acerca de lo que tienes que hacer para convertirte en un escritor publicado. De hecho, yo creo que te podría escribir un libro entero sobre ello... pero he decidido enfocarme sólo en los cuatro más importantes.

Aquí vamos...

1) Escribir es para expertos

Yo creo que en los últimos años has leído muchos libros y has imaginado en algún momento todos los pasos que tuvieron que darse para que ese libro se publicara. Si ese es el caso, seguro piensas que quien lo escribió es perfecto. Incluso piensas que debías tener mucha práctica y consistencia para llegar al nivel de ese escritor. En pocas palabras, creíste que debías ser un experto para escribir un libro. Y no te culpo, yo también lo hice.

Uno de los grandes mitos que existe dentro del mundo de la escritura es el desarrollar un alto grado de perfección para escribir o convertirte en un experto de gramática y escritura. Muchos escritores han pasado años perfeccionando su habilidad para escribir. Han intentando alcanzar un nivel de perfección que les de esa consistencia y confianza de sentir que sus textos son lo mejor que han desarrollado. No hay nada de malo en tomar talleres de redacción o escritura creativa, de hecho es algo bueno. El caso es que el mito de tener que ser un experto se vuelve un problema cuando no llevamos ninguna de esas cosas a la acción, es decir, cuando no ponemos nada en práctica.

Sucede en todo el mundo y en muchas otras áreas. Millones de estudiantes se gradúan cada año de las universidades para encontrar un empleo en el mundo corporativo. Obtienen más diplomas e ingresan a estudiar maestrías, doctorados, sin llevar nada de esto a la práctica. La acumulación de conocimiento es un problema cuando no se toma acción. Lo mismo sucede en la escritura. Es probable que hayas leído diez libros en los últimos años y que ahora te sientas convencido de escribir tu propio libro. Pero hay algo que te detiene y te dice que necesitas leer uno más para alcanzar un nuevo grado de perfección. Es válido, sin embargo, se convierte en un problema cuando nos detenemos y dejamos para después nuestra meta.

El punto es que no necesitas ser un experto para comenzar a escribir un libro. Es cierto, hay una serie de pasos a seguir, pero no necesitas convertirte en el maestro de las palabras. Muchos años me detuve por esto. Me sentí abrumado al leer aquellos libros extensos con palabras muy rebuscadas. No las entendía, las anotaba y buscaba sus significados. Y esto me daba a entender que tenía que estudiar más y era ahí cuando el verdadero problema comenzaba.

Cuando escribimos un libro pensamos que nuestros textos no son perfectos y muchas de las veces no somos conscientes de lo grave y perjudicial que esto puede ser para nosotros. Por ello, sentir que escribir es para expertos puede repercutir en nuestra habilidad para ser creativos y para crear nuevos contenidos. Así que para obtener el primer borrador de tu libro, no necesitas ser un experto en escritura de lo cual te hablaré más a detalle en los siguientes capítulos.

2) No tengo tiempo para escribir

Este es otro de los mitos más comunes dentro del mundo de la escritura. Para entrar un poco en contexto, cuando hablamos de cumplir o lograr una meta, el primer impedimento para llevarla a cabo es hacer el tiempo. ¿O no?

Desde ir a correr, leer un libro, ir con el nutriólogo, seguir un plan alimenticio hasta escribir un libro. Pensamos que el tiempo es nuestro mayor enemigo porque vivimos nuestra vida bajo una rutina. Estamos tan sumergidos en la rutina que no distinguimos lo urgente de lo importante. Es necesario detenerse para ver estos pequeños detalles. Cuando se trata de un libro, creemos que no tenemos tiempo porqué nos imaginamos un libro enorme de 500 páginas.

La realidad es que no es así ya que el mundo ha cambiado y con ello la forma de publicar también. Hoy en día, hay muchas estrategias probadas a nivel mundial por autores Best Sellers e incluso escritores reconocidos para escribir un libro. Creemos que escribir un libro muy grande nos llevará mucho tiempo y es por eso que no tenemos tiempo. No necesitas escribir un libro así de largo, de hecho puedes hacerlo mucho más corto si te estás enfocando en resolver un problema. Este mito e ha convertido en uno de los mayores obstáculos por el que muchos escritores con un gran potencial han detenido su pasión por crear increíbles historias.

Voy a hablarte más en detalle en los siguientes capítulos pero lo que quiero es que comiences a creer que se puede hacer tiempo para escribir. La consistencia medida en una base es la que marcará una gran diferencia.

3) A nadie le gustará mi libro

Algo curioso que sucedió cuando estaba escribiendo mi primer novela fue el miedo a la aprobación de los demás. Fue un miedo que me detuvo, que me hizo procrastinar, que me llevó a corregir en contadas ocasiones los textos que había escrito.

En realidad no existen los textos perfectos. Una obra puede ser editada y re editada por el resto de los años. Y de igual manera, el texto nunca será perfecto. Sin embargo, lo que se puede hacer es darle la mayor congruencia y fluidez para que tus lectores lo lean de una manera agradable.

Además de que en la actualidad, la gente siempre está buscando nuevas historias para leer. ¿Qué pensarías si te dijera que tu historia podría inspirar a millones de autores en unos años a crear sus propias historias? Dejemos los años, ¿en unos meses? ¿Qué sucedería con ello? Es muy claro que las personas aman las nuevas historias. El mundo de los libros electrónicos está creciendo a pasos agigantados y cada día hay más lectores en el mundo. Cómo te había dicho, hay más de 7 mil millones de personas habitando este planeta que sería imposible pensar a que personas no le gustaría tu libro.

Con la llegada de los smartphones y las tablets la gente está leyendo libros por todas partes. En el metro, en el bus, en los parques, en las cafeterías, en sus casas. Casi en todos lados. Lo hacen porqué es muy cómodo y no tienen que cargar un libro pesado a todos lados.

4) Publicar un libro es muy costoso

El último mito que quiero abarcar es "Publicar un libro es muy costoso" que está muy relacionado con el "Necesito a una Editorial para Publicar". A mí me detuvo y me hizo retroceder en muchas ocasiones. Durante meses me dediqué a buscar editoriales que quisieran publicar mi obra. Sabía que me costaría mucho dinero y que llevaría tiempo lograr que una editorial me hiciera caso. Pero la verdad es que terminé siendo rechazado por todas las editoriales que contacté.

Finalmente me rendí en abril del 2014, aunque sentía que había una forma distinta de hacer las cosas. Entonces, encontré información sobre Amazon y sus plataformas de publicación. Comencé a investigar qué era lo que los grandes autores estaban haciendo. Apliqué la información que había encontrado. Empecé a leer muchos libros sobre auto publicación, escritura e incluso marketing para autores. Descubrí que podía hacer realidad mi sueño y lo logré a través de Amazon en agosto del 2014.

Actualmente, compañías cómo Amazon ofrecen a millones de autores publicar sus obras a través de sus plataformas cómo Kindle Direct Publishing y Createspace. Es impresionante cómo las cosas han cambiado hoy en día que sin duda alguna lo que ha hecho Amazon para todos los autores del mundo es maravilloso.

¿Cuál es tu definición del éxito?

Antes de continuar quiero preguntarte algo…

¿Cuál es tu definición del éxito?

¿Que significaría para ti lanzar tu libro en los próximos 6 a 12 meses?

¿Cuáles son las razones por las que quieres lograr esta meta tan importante?

Fuera de todo lo que hemos platicado en los capítulos previos, debes de saber por qué quieres lanzar tu libro y cuáles son las expectativas que tienes para ti mismo. No me refiero a los resultados posibles que se den de un día para otro sino a los que tú estás planeando lograr. En términos de éxito, puede que escribir un libro sea un gran logro para ti cómo ser humano. Para muchos de nosotros lo es.

Debes ser muy específico en ello ya que te ayudará a tener una visión más clara de lo que quieres lograr cuando comiences a escribir tu libro.

Debes de saber que tanto quieres esto. Tómatelo en serio ya que esto podría convertirse en un trabajo de tiempo completo a largo plazo, si tú así lo deseas.

Enfócate en un sólo libro a la vez, así podrás en realidad terminar algo. Lo único que tienes que hacer es comenzar a escribir, como si estuvieras conversando contigo mismo. Y volver a ello más adelante.

¿Cómo encontrar tiempo para escribir?

1) Debes decidir lo que quieres lograr y para cuando.
Escoge una fecha límite y hazla memorable colocándola en dónde puedas verla. Por ejemplo, escríbela en una nota post-it y pégala en tu oficina o en la cabecera de tu cama o en un lugar que frecuentes para que puedas recordarla.

2) Decide lo que vas a hacer para lograrlo.
Evalúa aquellas actividades en las que más pasas tiempo, por ejemplo la T.V. o Facebook.
Escribe en una lista todas las cosas o actividades que haces en este momento y que no te producen beneficio alguno.
¿Qué puedes eliminar? ¿Qué puedes dejar de hacer para darte más tiempo de creatividad?

Por ejemplo puedes deshacerte de la T.V. o ver los programas que más te gusten y dejar de ver las series que ver nada más por ver. Puedes levantarte una hora más temprano y escribir antes de ir a la oficina. Llegar temprano a una cafetería cerca del trabajo y escribir antes de entrar a tus labores. También puedes hacerlo en tu hora de comida o después del trabajo. Considera algún pasatiempo que puedas limitar su frecuencia para que puedes hacer más tiempo para escribir. Si pasas tres horas en Facebook al día puedes limitarte a pasar sólo una hora y media. Se trata de que dejes de hacer aquella actividad que no te agrega valor para que uses ese tiempo para escribir y puedas protegerlo lo más que puedas.

Si ves que en tu rutina no encuentras el tiempo adecuado, considera evaluar todas las actividades de tu rutina. Por ejemplo si estás en el teléfono móvil más de tres horas, considera ese uso de tiempo. Es importante que veas esto pensando en tu meta personal de vida así que busca aquellos espacios de tiempo para que puedas lograrlo. Si los sábados son tu único día libre, empieza con ello. Trata de mantener una frecuencia y una consistencia de al menos cuatro veces por semana ya que esto ayudará a construir un hábito a largo plazo.

Haz las matemáticas

Una de las mejores formas de definir qué tan extenso debe ser un libro es establecer una cantidad de palabras. Esta es una práctica recomendada por autores Best Seller quienes

Cuando has elegido la fecha límite para tu libro el primer paso es definir el total de palabras que vas a escribir por día. Por ejemplo, si tu libro será de 30,000 palabras en total y puedes comenzar con 500 palabras durante 4 días a la semana, esto te dará un total de 2,000 palabras por semana lo que indica que finalizar tu libro te llevará cerca de 15 semanas. Ahora, esto no significa que tengas que dedicar las 15 semanas enteras. Puedes ir aumentando la cantidad de palabras cada semana consecutiva.

Si sabes que eres capaz de escribir 500 palabras durante la primer semana seguro que eres capaz de doblar esa cantidad para la segunda semana, lo que te daría un total de 4,000 y si mantienes esa frecuencia terminarás de escribir tu libro en las próximas 8 semanas lo que equivale a 2 meses. La idea es que te sientas cómodo con el total de palabras que vas a escribir mientras te acercas a tu meta. Sólo haz las matemáticas.

La longitud de palabras recomendadas para cada género de libros es:

Novelas cortas o Libros de Auto Ayuda (No Ficción): 20,000 - 45,000 palabras.
Novelas: 60,000 - 100,000 palabras
Libros de auto ayuda, motivación, temas generales: 50,000 - 70,000 palabras.

Ordena tu rutina

Una de las cosas más recomendables ahora que has hecho las matemáticas y has estimado el tiempo que te llevará terminar tu libro, es ordenar tu rutina. Te recomiendo que imprimas un calendario con los cuadros de cada día lo más grandes posibles para que puedas anotar dentro de cada uno el número de palabras que vas a escribiendo por día. Es una actividad de estimulación que te ayudará a motivarte y mantenerte en el camino de escribir un libro.

Puedes ordenar tu rutina a través los siguientes pasos:

1.- Elige un lugar. El lugar de trabajo destinado para escribir tu libro es muy importante. Debes ser cuidadoso cuando lo elijas. Por ejemplo, si vienes del trabajo puedes ir a una cafetería cercana y elegir una esquina. Usa audífonos de goma ya que son muy útiles para eliminar el ruido exterior. Puedes profundizar más sobre este tema a través de este post: http://publicatuprimerlibro.com/lugar-para-escribir/

2.- Horas al día. Recuerda que has separado el tiempo para escribir tu libro. Si puedes comenzar con media hora, es más que fabuloso. Recuerda proteger este tiempo lo más que puedas.

3.- Días a la semana. Decide los días de la semana que vas a escribir. Lo recomendado son cuatro días. Es importante que mantengas una consistencia para que puedas mantener el *"momentum"* de lo que estás haciendo.

4.- Conteo de palabras por hora. Cuando comiences a escribir tu libro, lleva un conteo de las palabras que vayas escribiendo. Por ejemplo, puede que si estás dedicando sólo media hora a escribir tu libro seas capaz de escribir más de 500 palabras. Esto sucede muy a menudo. Además, es muy benéfico ya que si te enfocas en escribir durante el tiempo asignado, sin interrupciones, verás que mientras no interrumpas el flujo creativo mayores serán los resultados.

5.- Cuida tu salud. Una de las cosas que debes hacer es disfrutar todo lo que estás haciendo y es importante cuidar tu salud. Escribir es un trabajo muy intenso por lo que el cuidado de tu cuerpo y tu cerebro es crucial. Recuerda que ellos pagan las facturas. Una de las cosas que yo te recomiendo es salir a caminar, al menos diez minutos cada día. El ejercicio le da oxígeno al cerebro de manera que puedas estar más concentrado cada vez que te sientes a escribir.

6.- Identifica la energía creativa y la energía de tiempo muerto. Si eres de las personas que terminan "muertas" o "drenadas" después de un arduo día de trabajo, eres consciente de que al final del día no querrás escribir ninguna palabra más. Es muy normal, no te asustes si eso sucede cuando estás escribiendo tu libro. Sólo haz esta identificación. Si sucede, dedica ese tiempo a ver documentales o vídeos que te motiven. Una cosa que he aprendido es a usar mis tiempos de energía creativa para escribir y usar mis tiempos muertos para hacer otras actividades que complementan el trabajo mi libro. Me gusta hacer investigaciones sobre temas que quiero abordar tanto para mi ficción cómo para mí no-ficción y en muchas ocasiones dedico mi energía de tiempo muerto a ello.

7.- Programa tu tiempo. Recuerda hacer las matemáticas si vas escribiendo más palabras de las planeadas. Haz el trabajo tras bambalinas y evalúa si en realidad puedes lograrlo. No prejuzgues ni te sientas mal si no puedes cumplir un día, sólo reprográmalo. El objetivo es que te mantengas en el camino.

CHECKO MARTINEZ

Haz tu plan de acción

Recuerda tener siempre tu calendario a la mano para que cada actividad que vayas terminando la marques cómo terminada o simplemente la subrayes. Es importante que lo hagas de esa manera ya que es una forma de decirle al subconsciente que has sido capaz de terminar esa actividad y estás dispuesto a ir por más porque eres capaz de lograrlo. Entre más lo hagas, más fácil será comprometerte a lograr las cosas y finalizarlas en el tiempo que te lo propongas.

Semana 1: Traza y planifica la estructura y trama de tu libro. Si son 4 días y has elegido media hora eso te da 2 horas a la semana.
Semana 2: Escribe tu primer borrador durante los días que has decidido. Aquí es dónde verás tu plan inicial y el número de palabras que tendrás que escribir cuando hayas finalizado tu libro. Recuerda si puedes aumentar ese número de palabras, la cantidad de semanas disminuirá.
Semana 14: Has terminado de escribir el primer borrador de tu libro y ese es un gran logro. Empieza el proceso de la edición propia y el libro se va con el editor.
Semana 17: El libro se ha ido con el editor. Busca a un diseñador de portada.
Semana 18: Estás listo para publicar.

No te preocupes por lo que sigue, iremos desglosando cada actividad que necesitarás para escribir tu libro. Si en este momento te estás preguntando que debes hacer con la edición, corrección o publicación, no te preocupes por ello, vamos a ir paso a paso tocando cada tema. Lo importante es que ahora tengas un panorama general de lo que vas a hacer para que ello te ayude a mantenerte en el camino.

Recuerda que el número de semanas variará en base al total de palabras que escribas por día. Entre más escribas será mucho mejor porqué terminarás más rápido. Pero cómo en este momento estás comenzando, lo ideal es que lo tomes con calma y vayas paso a paso haciendo cada una de las actividades con pasos de bebé. Llegará un momento en el que escribir un libro sea lo más sencillo del mundo para ti y conocerás todo el proceso que debes llevar a cabo para lograrlo.

Recompénsate a ti mismo

Cada vez que realices un avance importante al escribir tu libro recompénsate a ti mismo. Hacerlo te ayudará a seguir avanzando hacia tu objetivo. Si te gusta viajar solo, hazlo cómo recompensa. Si te gusta ir al cine solo, cómo a mí, hazlo y disfruta de esa película que tanto has esperado. Disfrútalo mucho, no te auto-flageles ni tampoco te frustres si las cosas no salen de la manera que tú esperabas.

Recompénsate de la manera en que tú prefieras hacerlo. Sal un sábado por la noche con los amigos, ve a visitar a aquel familiar que desde hace tiempo no ves, pasa tiempo de calidad con tu familia, dedica un tiempo a leer el libro que siempre has querido pero recompénsate a ti mismo siempre. La idea de hacerlo es fomentar un comportamiento positivo y que disfrutes cada etapa del proceso.

Rinde cuentas

Cuando hablo de rendir cuentas me refiero a que le cuentes a alguien lo que estás haciendo. Busca una persona que sea de tu total confianza y que sientas que te da ese apoyo que tú necesitas. El objetivo es que le cuentes todo lo que estás haciendo. Hazlo que te pregunte cada semana los avances que estás teniendo con la escritura de tu libro. Compártelo en tus redes sociales si puedes y te sientes cómodo, blogéalo o publícalo en twitter con el hashtag #EstoyEscribiendo y envíamelo a mí @TheCheckoMtz.

Hay sitios como NaNoWriMo.org que significa National Novel Writing Month, que se lanzó en Inglaterra. Este sitio es muy bueno. Puedes inscribirte para competir con otros autores para escribir un libro. El objetivo son 50,000 palabras. Otro sitio es www.futureme.org dónde puedes enviarte una carta a ti mismo con el compromiso de lo que harás durante las próximas "N" semanas y recibirla en esa fecha futura.

Puedes unirte a nuestra comunidad de Escritores Creativos y compartirnos tus avances. Es el entorno perfecto para intercambiar opiniones, pedir consejos, compartir tus logros y conocer a otros autores que cómo tú están escribiendo un libro.

Encuentra a tu amigo, ríndele cuentas y mantenlo al tanto de lo que hagas. Una de las cosas que más me gusta es hacer esto. Mi amigo de rendir cuentas es mi madre, a ella le cuento todo lo que estoy haciendo y constantemente me pregunta cómo voy en mis metas y cuáles son los logros que he ido alcanzando cada semana. Anota todos tus compromisos semanales, reúnete con esta persona y platícale cuáles fueron tus avances, cómo te sentiste al respecto, que es lo que viste que puedes mejorar y cuáles serán tus nuevos compromisos para la semana posterior.

Mantente motivado

Habrá momentos en los que sentirás que debes proteger lo que estás haciendo a cómo de lugar. Es normal, porque escribir un libro es algo muy preciado. Jamás permitas que los foros tóxicos o los trolls te hagan caer. Pasa tiempo con personas que sean positivas en cuanto al emprendimiento, al éxito y hacia ti mismo.

Si te ves en la necesidad de decirles adiós a esas personas que no te están apoyando o agregando valor, hazlo. Eso no significa que debas dejar de hablarles sino que limites el tiempo que pasas con ellas. Hay personas con las que podemos pasar tres minutos, tres horas o hasta tres días tal y cómo lo dice Darren Hardy en su libro *"The Compound Effect"*.

Únete a una comunidad, escucha podcasts, ve vídeos, lee libros para que te mantengas motivado y empoderado, especialmente si tu familia y amigos no te apoyan.

Si eres cómo yo y has ido a un montón de eventos de networking o cursos presenciales y te encuentras personas que te insisten mucho que ingreses a sus programas de mercadeo en red, bienes raíces o cualquiera que sea el caso, considéralo sólo si eso que te están ofreciendo te llevará a lograr las metas que quieres realmente para ti, no para ellos.

Eso no significa que estés siendo malo con ellas o que no sean las personas adecuadas para ti, sino que tú tienes que ver y elegir qué es lo mejor para ti. Es reclamar tu identidad propia acorde a las metas que quieres lograr para ti, en este caso, publicar tu libro. Recuerda que es tu vida y tú eliges con quien compartirla. Rodéate de la mayor cantidad de energía positiva a tu alrededor.

PARTE 2
Creatividad y Escritura

Porqué a "a veces" no necesitas una idea para comenzar

Si ya has decidido comenzar a escribir tu libro, has ordenado tu rutina y establecido un plan, el siguiente paso es elegir una idea. Suena raro, pero puede que al principio no tengas una idea sino sólo una tremenda inquietud por escribir.

Es algo normal, no te preocupes. "A veces" no necesitas una idea para comenzar, sólo necesitas comenzar a escribir. ¿Y cómo puedes hacerlo? Haciéndote las siguientes preguntas:

¿En qué soy bueno?
¿Qué es lo que a la gente le gusta más escuchar sobre mí?
¿Cuáles son los consejos que la gente siempre me pide?
¿Sobre qué estoy hablando siempre?
¿Cuál es mi experiencia?
¿Qué aprendizaje puedo aportarle al mundo para que ellos pueden beneficiarse de ello?

Cuando comencé a escribir hace más de diez años, a veces no tenía ideas. Me pasaba horas sin escribir una sola palabra. Pero algo que siempre funcionó para mí, fue preguntarme qué era lo que más me gustaba hacer. De pequeño, me encantaba jugar a los "monitos" y crear historias. Conforme fui creciendo creaba historietas o comics en mis cuadernos y hacía maquetas con personajes en papel cascarón. Era una pasión desenfrenada. Al descubrir que me encantaba crear historias, comencé a pensar en los programas de T.V, libros o comics que más me gustaban. Fue así cómo logré crear mis primeros libros. No necesitaba una idea, sino simplemente comenzar a hacerlo y el primer paso fue preguntarme sobre lo que más me gustaba.

Puede que seas un excelente corredor y las rutinas que has hecho hayan funcionado de maravilla para ti. Esa puede ser una excelente idea para comenzar a escribir un libro.

Recuerdo que uno de mis amigos me dijo: sólo necesitas comenzar a compartir tu arte, lo que haces es genial y creo que a muchas personas les gustará. En su momento no lo entendí y no tuve claridad sobre ello.

Cuando escribí mi primer artículo de blog sobre los consejos para escritores de ficción en 2013, no tenía una remota idea de lo que estaba haciendo, sólo quería hacerlo. Supe en ese momento que no necesitaba una idea para comenzar, sólo hacerme la pregunta, ¿En qué soy bueno?

Desde *"cómo bajar de peso"*, *"cómo ser un mejor corredor"*, *"cómo crear cursos online"*, *"cómo mantener tus finanzas sanas"*, pueden ser ideas estupendas para ti.

Las lluvias de ideas

Las lluvias de ideas se han convertido en una herramienta increíble para los escritores. Te permite plasmar todo aquello que quieres ver en un libro. Nacen desde cualquier fuente de inspiración cómo una película que te gustó, un libro que te mantuvo enganchado, un artículo o una historia corta, ir al museo o salir de viaje.

Las lluvias de ideas nos ayudan a sacar todo de nuestra mente y su objetivo es poner en una hoja o un pizarrón todas aquellas ideas que se nos ocurran de un momento a otro, cómo la idea para un capítulo o un libro completo, dependiendo de cuál sea el nicho del libro o el género sobre el cual quieres escribir.

Plasma en una hoja todo lo que se te ocurra. Usa fuentes de inspiración cómo las que ya te mencioné. Si tu libro es una novela, puedes apoyarte con las siguientes preguntas:

¿Qué tendría que pasar para que este evento se llevara a cabo? ¿Cómo obtuvo este personaje las características que actualmente posee?

Si tu libro es de autoayuda, motivación o emprendimiento pregúntate:

¿Por qué la gente leería mi libro?
¿Cuál sería el beneficio que recibiría a través de él?
¿Qué problema estoy ayudando a resolver?
¿Por qué la gente debería de darle una oportunidad cuando lo publique?

Mientras vayas respondiendo estas preguntas ve escribiéndolo a papel. Cuando lo haces de esa forma es más fácil que lo memorices.

Mapas mentales

Los mapas mentales son diagramas usados para representar nuestras ideas dispuestas radialmente alrededor de una palabra, que es la idea clave o la idea central. Cómo herramienta, son muy buenos para extraer y memorizar la información que necesitamos.

Para crear un mapa mental puedes partir directo desde una lluvia de ideas que es lo más recomendable. Lo que harás a final de cuentas es organizar todas las ideas que has creado.

En mi experiencia, te recomiendo que hagas primero la lluvia de ideas y después el mapa. De esa manera podrás asegurarte de la información necesaria para tu libro. Para escribir este libro, hice un mapa mental después de haber elaborado una lluvia de ideas.

Libre escritura

La libre escritura es otra forma de comenzar a escribir tu libro. Puedes iniciarlo con o sin una lluvia de ideas. Es recomendada cómo una actividad de estimulación para el cerebro al poner en papel todas las ideas que tenemos albergadas en nuestra cabeza.

Hay aplicaciones cómo Noisli, que es mi favorita, que cuenta con un espacio en su página para hacer libre escritura. Otra forma de hacerlo son los bloc de notas, muy recomendado para las personas que trabajan en oficina.

Agrupando tus ideas

Cuando tienes listas tu lluvias de ideas y haz hecho un mapa mental con ellas, el siguiente paso es elaborar grupos de ideas. Los grupos de ideas te ayudarán a darte cuenta de qué ideas funcionarán y cuáles no. Sé que tal vez el mapa mental sea suficiente, sin embargo, los grupos de ideas te ayudarán a tener un índice tentativo de tu libro.

Lo primero es agrupar todas las ideas que creaste. Si hay una idea que no tiene relación o que no cuadra colócala aparte o elimínala por completo. Podemos tener muchas ideas pero en algunos casos puede que algunas sean necesarias y otras no. Si las necesitarás después o quieres crear otro libro con ellas, guárdalas aparte.

Asígnale un título provisional a cada idea. No te preocupes ni dediques mucho tiempo a los títulos. Lo importante es que no pierdas el flujo creativo y tengas un plan para iniciar.

Organiza los grupos de ideas en un orden coherente. Por ejemplo, si estás escribiendo una novela, hazlo en un orden de tiempos. Un libro que pertenece a una serie puede ir ordenado cronológicamente. Puede ser que los eventos ocurrieron en 2011 y sería cuestión de que acomodaras cada uno por mes. Si estás escribiendo un libro de auto ayuda, cómo este libro, puedes tomar como base los obstáculos o retos que te llevaron a solucionar el problema o la situación que estés abordando. Por ejemplo, cómo bajar de peso en 12 semanas puedes incluir temas como: los mitos de las dietas, porque la alimentación es el 80% de los resultados en tu cuerpo y salud, porqué el ejercicio es un complemento para la alimentación.

Una vez hecho esto, puedes ir diseñando tu índice tentativo. Recuerda que la finalidad de este índice es darte una hoja de ruta para escribir tu libro.

Puedes agregar eventos o situaciones cómo capítulos en el caso de una novela. Si tu libro de auto ayuda o motivación empieza con una experiencia partiendo de los eventos que te llevaron a tener el resultado que has logrado. Por ejemplo: Cómo Generar 8,000 dólares mensuales a través de tu curso online.

Ejemplo de una estructura:

Título de Libro: *Cómo Lanzar Tu Curso Online en 90 días*

Idea 1: *La Mentalidad Correcta del Emprendedor*
1.1 *Cómo Auto motivarte*
1.2 *¿Cuál es tu definición del éxito?*
Idea 2: *La Importancia de los Cursos Online*
2.1 *El Mundo Está Cambiando*
2.2 *Los Cursos Online Cómo El Futuro de la Educación*

Cuando comienzas a escribir

Es muy importante que cuando has llegado a este punto tengas una meta real. Una meta real es la cantidad de palabras que vas a escribir para tu libro. Selecciónala en base a los rangos recomendados y acorde a tu índice tentativo.

Ahora que ya lo tienes decidido, es hora de escribir. Puede que la idea de escribir te resulte abrumadora en este momento ya qué después de haber hecho una planeación previa, escribir es el paso más importante y puede ser un dolor de cabeza cuando no sabemos cómo empezar. No te preocupes, vamos a ir paso a paso para que puedas finalizar el primer borrador de tu libro. Recuerda que ese es tu objetivo.

Te quiero platicar de la formula CEAR. Es una fórmula probada y usada por miles de autores a nivel mundial y que yo mismo he probado y ha funcionado a la perfección para comenzar a escribir.

Pero, *¿qué es CEAR?*
CEAR significa Configura, Elige, Acciona y Revisa.

A) Configura: Ten a la mano todas las lluvias de ideas, mapas mentales, grupos de ideas que hayas elaborado. Revisa esta información durante 5 minutos.

B) Elige: Decide el número de palabras que escribirás ese día, el lugar dónde escribirás y sobre todo, para quien estás escribiendo. Esto ya lo has hecho previamente pero recuerda que es probable que cada día el lugar y el número de palabras a escribir sean diferentes.

C) Acciona: Ahora que has decidido el tiempo o número de palabras que escribirás y el lugar dónde tendrás tu sesión de escritura, escribe durante ese tiempo. Usa bloques de 25 minutos. Puedes usar la página Noisli para usar los sonidos de fondo. Escribe cómo si estuvieras platicando con tu mejor amigo o respondiendo a las preguntas que alguien te va haciendo. Otra técnica es hacerlo en voz alta. Es importante que no interrumpas el flujo creativo durante los periodos de 25 minutos ya que si lo haces, puedes afectar directamente a tu capacidad para crear nuevos contenidos y a tu productividad.

D) Revisa: Cuando has terminado de escribir ya fueran 50 minutos (equivalente a 2 bloques de 25 minutos) o 25 minutos (1 bloque), revisa los textos que has escrito y haz un resumen de ello. Si escribes una novela, ve haciendo una línea de tiempo con los eventos más importantes sobre lo que escribiste durante esa sesión. De esa forma podrás usar esa información cómo base para tu siguiente sesión de tu escritura. Todo ello te ayudará a ver la congruencia y fluidez más adelante.

Repite esta fórmula cuantas veces sea necesario acorde al plan que definiste previamente. Recuerda que este plan puede cambiar. Enfócate por ahora en terminar el primer borrador de tu libro.

Principales obstáculos cuando estás escribiendo

Mientras te encuentres escribiendo durante cada sesión de escritura, tendemos a tener pensamientos y sensaciones que pueden resultar perturbadoras para nuestro trabajo cómo escritores. Hemos hablado de algunos de ellos cuando derribaste los mitos que posiblemente te estuvieran deteniendo en un inicio, aunque, cuando escribes es normal que tengas miedos, veas obstáculos y cometas errores. Por nada del mundo dejes que esto te detenga.

1) Perfeccionismo

Uno de los primeros miedos u obstáculos al que podríamos enfrentarnos es el perfeccionismo. A todos nos gusta llegar a un nivel de perfección con cualquiera que sea la actividad o paso que estemos realizando. Es normal, ya que muchas veces desconocemos un proceso paso a paso de cómo hacer las cosas.

Cuando sientas que el síndrome de la perfección te invade, por nada del mundo detengas el trabajo que estás realizando en ese momento. Es probable que regreses y borres unas cuantas palabras y seas consciente de ello, por ejemplo, corregir un error ortográfico o buscar un sinónimo en internet, etcétera. Evita hacer esto lo más que puedas. Caer en el síndrome de la perfección no sólo hará que detengas el trabajo creativo, sino que también entrarás en un periodo de procrastinación y tu eficiencia cómo escritor se verá afectada.

Escribe cómo si estuvieras platicando contigo mismo, teclea todas las palabras que lleguen a tu mente.

2) Falta de Tiempo

Otro de los obstáculos al cual te puedes enfrentar es la falta de tiempo. Conforme vayas teniendo tus sesiones de escritura, puede que estés contra reloj porque tienes que estar presente en un lugar a tal hora. No te preocupes, a todos nos ha sucedido. Pero lo importante es que respetes el tiempo que estás asignando. Es probable que tengas un compromiso de emergencia, pendiente de última hora, un viaje imprevisto, etc.

Lo mejor que puedes hacer es re agendar tu sesión de escritura para otro día en el que te sientas más cómodo. Si tus días de escritura son los lunes a jueves, 500 palabras por día, 25 minutos y tienes el viernes, sábado y domingo libre, cambia un lunes o martes por un domingo o un sábado. Hazlo a cómo te sientas más cómodo.

Sólo borra el día que estás re agendando de su día anterior y escríbelo en el día nuevo. De esa manera puedes concentrarte en las sesiones de escritura que están pendientes por completar día por día. No te agobies, ni te sientas frustrado ni tampoco te auto-culpes. Los imprevistos y emergencias son muy normales, sólo trata de no salirte del camino.

3) Me siento agobiado o abrumado

Antes de iniciar a escribir o mientras te encuentras escribiendo es probable que te sientas agobiado por la cantidad de cosas que tienes que hacer para terminar tu primer borrador. También es normal, a mí me pasó. Me sentía muy abrumado por todo el trabajo que tenía que hacer.

Eckhart Tolle en su libro *"The Power of Now"* menciona la importancia de estar presente en cada momento de tu vida. Significa estar presente en este momento con tu mente puesta en blanco y poniendo toda tu atención a lo que estás haciendo. Por ejemplo, mientras escribo este libro, estoy presente escribiendo con mis ojos puestos sobre el ordenador, escuchando la banda sonora del documental Cosmos cómo música de fondo, ignorando a las demás personas que hay a mí alrededor en la cafetería dónde me encuentro.

Estoy consciente de todo lo que hay a mí alrededor, pero también estoy consciente de que estoy escribiendo un libro. Eso es estar presente, estar conectado en el momento contigo mismo sin escuchar lo que tu mente te diga. Obviamente estoy escuchando lo que mi mente está diciendo para que escriba este libro pero estoy omitiendo por ejemplo *"ve a Facebook"*, *"abre Twitter"*, "observa los ratings de tus series favoritas".

Es normal sentirse muy abrumado y más cuando tienes algún imprevisto o emergencia que pudiese afectar a tu siguiente sesión de escritura. Si esto llegase a suceder por qué no puedes escribir hoy o mañana, no te preocupes, estás experimentando algo conocido como *"Resaca Emocional"* y lo mejor es que te relajes y dejes que las cosas sigan su curso. Haz lo que tengas que hacer para resolverlo.

Cuando estés en tu empleo, sé el mejor empleado que puedas ser. Cuando estés en casa, sé el mejor esposo o esposa con tu pareja que puedas ser. Cuando compartas tiempo con tus hijos, sé el mejor padre o madre que puedas ser. Cuando estés escribiendo, sé el mejor escritor que puedas ser. Se trata de estar presente en todo momento. Si algo aprendí de tener dos empleos y un negocio en Chicago, fue estar presente en todo momento sin dejar que las situaciones exteriores me abrumaran.

Desde salir a correr, tomar el tren, leer, limpiar mesas en el restaurante donde trabajaba, recoger basuras, trabajar cómo mesero, tomar las órdenes de los clientes, llevar las bebidas, cuidar que se entregara la comida, atender 5 mesas al momento, hablar en otro idioma durante el día completo, preparar lanzamientos de mis nuevos productos, realizar Webinars o Talleres Online, escribir mi próximo libro, etc. Al principio fue duro, pero poco a poco fui dejando de sentirme abrumado.

4) Comparaciones

Uno de los errores que cualquier autor o escritor puede cometer es el de compararse con otros. No existe error más fatal que hacerlo. La comparación de tu trabajo con el de otro autor o escritor puede hacer que te sientas abrumado por la cantidad de camino *"que te falta para recorrer"* porqué aquel *"escribe mejor que tú"*.

Recuerda que todos tenemos procesos diferentes y a todos nos ha llegado la chispa de lanzar nuestras obras en momentos distintos. No todos pensamos igual y no todos trabajamos igual, eso es algo que debes tener en cuenta. Cada uno de nosotros somos seres humanos con identidades distintas, somos únicos.

Además, todos tuvimos que empezar de una manera, ¿o no?

Hace dos años y medio estaba escribiendo por segunda vez mi primer libro. No tenía asesoría de nadie, sólo seguía mi instinto por terminarlo. Conforme pasaron los meses, fui trabajando cada historia, cada trama y dándole a cada personaje la originalidad y peculiaridad que le caracterizaba. En julio de 2014 encontré información sobre cómo publicar en Amazon. La primera vez que publiqué, mis textos eran muy pobres. La edición no era la mejor ya que no hubo una revisión adecuada. Eso me hizo aprender mucho de mis errores. Veía los textos de otros autores y me sentía abrumado porque no escribía cómo ellos.

Sin embargo, llegué a la conclusión de averiguar que estaban haciendo ellos para que sus textos fueran escritos con una redacción adecuada. Comencé a leer varios libros y novelas. Mientras más leía, aprendí cómo debía redactar mis libros ya que mis historias eran ¡casi puros diálogos!

En lugar de comparar mi trabajo con el de otros autores, decidí aprender de ellos y comencé a ver que estaban haciendo los grandes autores que tenían resultados impresionantes con sus libros. Con ello, hice una separación de mi ego, algo que recomienda Eckhart Tolle en su libro *"The Power of Now"*. Hoy en día he publicado una edición mejorada con un texto mucho más congruente, maduro y fluido de mi primera novela.

No existe tal cosa peor que comparar tu trabajo con el de otro autor y sentirte un completo fraude. Si eso sucede, deja que el sentimiento fluya y pregúntate: ¿qué debes mejorar de tu libro para que puedas tener el texto fluido y congruente que tus lectores necesitan?

No te digo que vayas y tomes una maestría en letras durante 5 años y menos que tomes un curso de redacción que dura miles de horas. Si algo he aprendido, es que la respuesta está en aprender del trabajo de otros y eso lo logras leyendo sus libros.

Lee un libro cada dos semanas o cómo te sientas más cómodo. Podrás inspirarte con esas historias para crear las tuyas. Recuerda, nada de comparaciones, todos somos únicos y todos empezamos en algún momento.

5) El bloqueo del escritor

Uno de los mayores obstáculos a los que todos los escritores nos hemos enfrentado es el Bloqueo del Escritor.

¿Alguna vez te has sentado frente a tu computadora y al ver la página en blanco te sientes bloqueado?

El bloqueo del escritor es la condición en la que el autor pierde la habilidad de crear nuevo trabajo (dependiendo de lo que escribas) experimentando una baja creativa muy considerable al momento de escribir un libro. Sus principales causas son la falta de práctica y la ausencia de la claridad en el mensaje que se quiere transmitir a través de las palabras escritas. Otro factor es la falta de valoración del trabajo del escritor. Durante este bloqueo, el escritor o autor no puede soportar estar frente a una página en blanco lo que le genera un síntoma de angustia, además de manifestar cierta preocupación por crear el libro perfecto, lo que ocasiona que postergues tu libro por tiempo indefinido.

Otra razón muy común es la falta de planeación, que sucede muy a menudo cuando no se conoce un paso a paso.

¿Cómo superar el bloqueo del escritor?

Tres de las estrategias más recomendadas para combatir el bloqueo del escritor es usar las lluvias de ideas (si te brincaste ese capítulo, regresa ahora), los mapas mentales y la libre escritura.

Así que si en algún momento dado mientras estás escribiendo tu libro llegas a experimentar esta condición, usa las lluvias de ideas, los mapas mentales y la libre escritura para que puedas comenzar a superarlo. Nunca olvides tu material para cada sesión de escritura.

6) El síndrome del impostor

¿Alguna vez has sentido que eres un impostor cuando escribes? ¿Cómo si estuvieras fingiendo, esperando que alguien más te diga que no tienes idea de lo que estás haciendo?

Bueno, esto también me sucedió a mí, justo cuando comencé a darle toques de misterio a mi novela sobrenatural. Fue en el 2013, me sentía un completo fraude. No sabía lo que estaba haciendo y a la vez creía qué todo lo estaba fingiendo y que nada valdría la pena.

Creo que todos nos hemos sentido así en algún momento cuando escribimos nuestros libros.

Entonces, *¿qué debes hacer cuando te sientes apasionado sobre lo que escribes? ¿Cuándo lo que escribes llena tu alma? ¿cuándo sientes que sólo estás fingiendo? ¿Qué hacer cuando sientes que nunca estarás al nivel de los escritores que admiras y respetas?*

Bueno, la respuesta es que nos sentimos avergonzados y esto es la creencia de que no perteneces, que hay algo mal contigo y que nunca podrás ser parte de tal grupo debido a este defecto. La vergüenza es el miedo a ser expuesto y si tú eres expuesto, entonces serás rechazado.

Pero, ¿qué es la escritura exceptuando las partes más profundas de ti mismo? Desde que la escritura se ha vuelto una actividad muy vulnerable, los escritores se han sentido avergonzados constantemente. Es inevitable.

Algunos de los pensamientos del "impostor" que constantemente se manifiestan son:

- *Soy un impostor*
- *No puedo escribir*
- *Nunca voy a escribir algo tan genial cómo mis autores favoritos*
- *No soy un escritor real*
- *Sólo estoy fingiendo*
- *Mi escritura no vale la pena*

Y bueno, la realidad sin escapatoria es que si de verdad quieres ser un escritor, vas a sentir un poco de culpa o vergüenza. Todos sentimos vergüenza, pero los escritores son susceptibles a ello. Es parte del trabajo del día a día. Y la peor parte es que no hay una solución rápida para ello.

Sin embargo, quiero que tengas en cuenta que hay varias estrategias que puedes usar todos los días para lidiar con el síndrome del impostor.

A) Identifícalo. Tienes que reconocer tus sentimientos. Cuando lo haces, es cómo si alguien te tirara un balde de agua frío en tu cabeza. Simplemente conecta con esa emoción y nada más. No opongas resistencia ni hagas nada contra ello. Deja que fluya.

B) Aguántalo. Haz todo lo que puedas por aguantar que te han tirado el balde de agua frío. Si intentas distraerte con la intención de evitar sentirte avergonzado, puedes potencialmente dañar a largo plazo tu creatividad. La vulnerabilidad y la creatividad están cercanamente conectadas. En lugar de ello, siéntelo. Inhala y exhala. Déjalo que exista.

C) Reemplázalo. La vergüenza es la creencia de que no eres lo suficientemente bueno, lo cual es una completa mentira porque tú eres increíble. Tú eres un gran escritor. Tú NO eres una farsa, un impostor y tampoco estás fingiendo lo que haces.

Eres un artista mágicamente creativo. Además, se supone que escribir debe ser divertido así que empieza a disfrutar cada día que lo hagas. Todos hemos sentido que estamos fingiendo escribir o que hemos sido impostores durante mucho tiempo. No puedes evitarlo, pero si puedes vivir con ello, superarlo y escribir de cualquier manera.

Recuerda, cada vez que sientas que eres un impostor, repite los pasos A, B y C. Trabaja mucho en tus creencias ya que ello te llevará a lograr tus más grandes metas.

Puliendo tu obra de arte con "el método de los 5 borradores"

Si hasta este momento te estabas preguntando si existía un paso-a-paso de cómo escribir, corregir y editar un libro, las buenas noticias es que sí, si existe un paso-a-paso.

Quiero hablarte de *"El Método de los 5 Borradores"*, inventado por uno de mis mentores, Jeff Goins. Este método aborda desde el primer paso que es la creación del primer borrador de tu libro hasta el borrador final que es la pieza más finita de tu trabajo cómo escritor. Lo que quiero lograr es que conozcas cada etapa del método para que puedas ver en qué etapa te encuentras conforme vayas avanzando en el proceso.

1) El Primer Borrador. Es la etapa dónde plasmas todas tus ideas en papel o pantalla o lo que sea. Aquí puedes soñar en grande y volar. Se vale de todo. Guarda tu cinismo y las dudas sobre ti mismo para después. Recuerda que tus sueños deben ser más grandes que tus dudas.

2) El Borrador Corregido. Es la etapa en la que echas un vistazo a la estructura formada con tu grupo de ideas. *¿La historia está fluyendo? ¿El argumento es coherente y consistente? ¿La gente le dará un vistazo y verá si hay algo en orden?*
Antes de darle forma y hacerlo bonito, hazlo funcionar.

3) El Borrador Estructurado. En esta etapa tienes tu manuscrito revisado por ti mismo. Puedes llamarlo ya un trabajo en proceso. A raíz de esto verás si todo lo que escribiste tiene sentido. De idea a idea, capítulo a capítulo y frase a frase.

4) El Borrador Editado. En esta etapa, necesitas comenzar a rebanar y cortar en cubitos hasta el más esencial mensaje. Has pasado ya por varias ediciones, has añadido cosas hermosas y has quitado cosas innecesarias y distractoras. Estás tan cerca del trabajo final y necesitas a un amigo de confianza y a un editor que lo revise (si puedes pagarlo) para que haga su peor crítica. Debes estar preparado para la crítica que venga y decidir antes de tiempo para aplicarlo todo. Toda la retroalimentación es un regalo, si quieres verlo de esa manera. Aquí debes cortar todas las frases superfluas y los detalles que no sean necesarios. Puede ser que incluso mates párrafos, capítulos y secciones enteras. Es difícil y doloroso pero es muy importante hacer que tu mensaje sea claro y bueno.

5) El Borrador Final. Es la etapa en la que tratas de ajustar las piezas que podrían ser mejor, atar los cabos sueltos que no tengan sentido o estén pendientes de resolver. Es la edición final. Después de esta etapa es necesario que cuentes con todo un equipo de personas para que revisen tu trabajo y detecten los errores más simples. Es la última oportunidad que tendrás para hacer grandes modificaciones. Cómo dijo Leonardo Da Vici, "El Arte nunca se acaba, sólo queda abandonado". Nunca tendrás un proyecto final. Tu trabajo nunca finalizará, no del todo. Sin embargo, llega un punto en que debes liberar una creación imperfecta en el mundo - o no.

Es aquí donde mucha gente se detiene, lo cual es muy triste. A estas alturas ya estás más cerca de lo que piensas. En algunos casos, sólo es cuestión de horas entre tú y un gran avance. Si terminas el trabajo, esa es la parte difícil, debido a que es probable que después de toda la edición y la crítica tengas algo bueno. La pregunta que debes hacerte es: *¿llegará el mundo a ver mi libro?*

Tus aliados: los lectores beta y el editor

Cómo toda historia de éxito y cómo tu libro lo será, necesitarás a una comunidad que te apoye a lograr la versión final que necesitas publicar. En este caso vas a necesitar a dos personas ideales para tener listo el borrador final de tu libro: tus aliados.

Tus aliados serán: *Los Lectores Beta y el Editor.*

Los lectores Beta son personas con hábitos de lectura frecuentes de un género en particular. La labor de un lector beta es leer un libro durante un tiempo determinado para darle sugerencias al autor y detectar errores de sintaxis, gramática o redacción. En el caso de los lectores beta que debes buscar, te recomiendo que comiences con dos, es más que suficiente. Las características que debe tener son:

- *Hábitos de lectura frecuentes.*
- *Conocen la estructura de un buen libro.*
- *Tienden a ser muy descriptivos.*
- *Imaginan lo que autor va narrando.*
- *Te dan su perspectiva de tu historia.*
- *Saben cuándo un libro tiene una buena fluidez y congruencia.*

Ellos te agradecerán que les prestes tu obra y tú les agradecerás su retroalimentación. Recuerda hacer una comparación entre lo que uno y otro ofrecen para que ello te ayude a tomar una decisión en cuanto a sus sugerencias.

El editor es el doctor de tu libro. Una de sus funciones es hacer una cirugía de tu libro para darte los ajustes de congruencia y fluidez que necesitas. Te puede dar muchas correcciones, sugerencias y decirte que palabras debes eliminar, todo encaminado a que el mensaje sea lo más claro posible. Hay sitios como Fiverr.com dónde miles de editores ofrecen sus servicios profesionales desde precios muy accesibles cómo $5 dólares.

Sólo debes ser muy cuidadoso al elegir al editor con el que quieres trabajar. Revisa sus reviews o comentarios positivos y ve lo que la gente opina sobre su trabajo. Es un factor de decisión tremendo cuando estás eligiendo a un editor entre varios. Hay editores que te cobran $5 dólares por revisar hasta 5,000 palabras lo cual es muy accesible si tienes un libro de 30,000 palabras, pero recuerda basarte en sus reviews y considera también tu presupuesto. Si vas comenzando, te recomiendo que manejes un presupuesto entre $50 y $150 dólares.

El mapa del escritor

El mapa del escritor es una hoja de ruta, tracking o seguimiento que te ayudará a darte cuenta en qué etapa del proceso del lanzamiento de tu libro te encuentras. Ha sido diseñado exclusivamente para ayudarte a que te mantengas en el camino a medida que vas logrando tu objetivo.

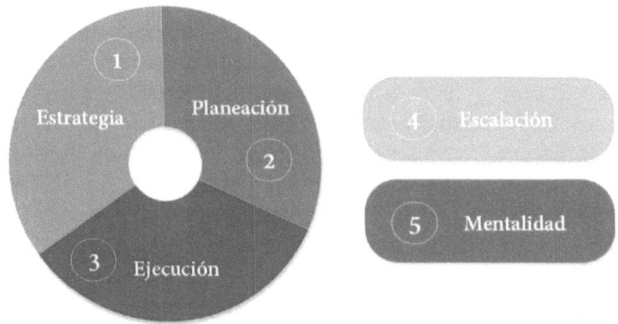

El mapa del escritor consta de 5 etapas que vamos a describir a continuación.

1) Estrategia: Ya la tienes. En este momento ya sabes cómo encontrar tiempo para escribir, cómo definir el total de palabras para tu libro, cuál será el número de las palabras que vas a escribir por día y el horario en que escribirás.

2) Planeación: Abarca tu plan de escritura creativa incluyendo los días que escribirás y el lugar dónde lo harás.

3) Ejecución: Comprende el proceso paso a paso:
A) Ideas (*Lluvias de Ideas, Mapas Mentales, índice Tentativo*)
B) El Primer Borrador (*Método de los 5 Borradores*)
C) El Borrador Final (*Método de los 5 Borradores*)
D) Metadatos (*Más en detalle después*)
E) Portada Final (*Más en detalle después*)
F) Formateo de tu Libro (*Más en detalle después*)
G) Publicación (*Más en detalle después*)
H) Lanzamiento (*Más en detalle después*)

4) Escalación: Es la etapa en la que debes averiguar lo que puedes mejorar y debes delegar. Por ejemplo es probable que necesites un lector extra, un mejor diseñador, si quieres que tu portada tenga un mayor impacto o que quieras publicar ahora tu libro en inglés. Es la etapa en la que dices "he logrado esto y ahora quiero ir por esto".

5) Mentalidad: Es la etapa más importante. Debes revisar todo lo que estás haciendo, entender hacia dónde vas y sobre todo enfrentar los miedos que se presenten cómo el escepticismo y la falta de confianza. Es crucial comenzar a rodearse de personas con la misma mentalidad que tú, que estén haciendo cosas cómo tú, desde un grupo de escritores hasta un grupo de emprendedores del Internet. En mi caso, prefiero el networking en Internet ya que son personas que están haciendo cosas similares a las que hago, negocios en el mundo online. Cómo no me gusta hacer negocios en el mundo offline, no lo frecuento, sin embargo hay veces en las que los emprendedores del Internet se agrupan en reuniones offline, cómo Starbucks, convenciones, etc. Considera la mejor opción para ti. Mantente rindiendo cuentas a ti mismo creando una lista de las metas semanales que tengas. Trabaja la parte de la mentalidad o el *mindset* para que esto te ayude a regresar nuevamente a la estrategia y puedas mejorar consecutivamente todo tu mapa del escritor.

Recuerda que todo plan mejora una vez que pones en acción todo lo que has aprendido. Cada vez que aprendas algo nuevo y te de grandes resultados, añádelo a tu mapa del escritor. Esto acortará la curva de aprendizaje la próxima vez que repitas el proceso.

Creando un título poderoso para tu libro

Muchas veces nos aferramos al impacto que puede tener un título en nuestros lectores. La verdad es que si lo tiene, de una manera u otra. El título de un libro es lo que verán tus lectores. Es lo que le dará esa originalidad a tu libro y que hará que miles de lectores a través del mundo hablen de él. Un título es sencillo, pero hay diferentes formas de elegirlo de manera inteligente.

Para elegir un título debes tener claro cuál será el beneficio que tus lectores obtendrán. En el caso de la ficción o novelas no es tan explícito pero si hay que ser cuidadoso si estamos escribiendo una serie. Y en el caso de los libros de auto ayuda o motivación debes tener claro cuál es el problema que estás resolviendo.

Es necesario que durante las primeras semanas que estás escribiendo tu libro no te enfoques mucho en el título ya que durante ese proceso puede haber cambios en la estructura de tu libro.

Otro aspecto que debes considerar es que muchos lectores lo primero que consideran es el título y si este les llama la atención o no. Cuando estés eligiendo un título, sólo hazte estas preguntas:

¿Qué problema estoy resolviendo con mi libro?
¿Cuál es el principal beneficio que obtendrán los lectores?
¿Cuál es la cosa más emocionante que les estoy contando de esta historia?

El subtítulo de tu libro es un complemento del mismo y también opcional, aunque muy importante. Su participación ofrece una explicación breve del tema que estás abordando. Aquí puedes añadir más detalles sobre el problema que estás resolviendo y su solución. Además, es excelente para incluir palabras claves (keywords) de las cuáles hablaremos más adelante.

Es muy importante que cuando incluyas estas palabras claves lo hagas natural y no trates de forzar la redacción o que parezca cómo si fuera un robot.

Ejemplo de un título de ficción:

SECRETOS DEL PASADO: Una Novela de suspense y misterio sobrenatural (El Circulo Protector n° 1)

Si te fijas, las letras en mayúsculas corresponden al título del libro, lo siguiente es el subtítulo y con el paréntesis estoy indicando que el libro corresponde a una serie.

Ejemplo de un título de no-ficción:

BAJA DE PESO: Cómo bajar de peso en 12 semanas cuando tienes una vida ocupada

Las letras mayúsculas hacen referencia a una solución, sin embargo, el subtítulo es más claro acerca de ello. Me está diciendo que voy a bajar de peso aún y cuando estoy muy ocupado. El subtítulo ofrece una clara explicación a su audiencia, es decir, qué no es para todos.

Creando una portada ganadora para tu libro

La portada es la primera impresión que todos los lectores potenciales tendrán de tu libro al verlo disponible en las tiendas en línea. Es muy importante que sea una portada de calidad y muy atractiva, ya que esto es muy crucial y puede ser un factor de decisión para el comprador o lector. Uno de los elementos más importantes dentro de la portada es el título. Debe ser claro y conciso. Es recomendable que el título sea grande a tamaño de portada ya que en algunos casos hay tiendas en línea que ofrecen sus libros en miniaturas. Cualquiera que sea el tamaño que decidas, el título debe ser muy apreciativo. Procura que las imágenes para tu portada sean de alta calidad. Puedes hacer tú mismo la portada o usar servicios externos, que es mi recomendación.

Nuestro trabajo cómo escritores es asegurarnos de crear el arte y la actividad del diseño de una portada podemos delegarla a un profesional. Esto siempre y cuando puedas costear los presupuestos. Recuerda que un buen diseño de portada puede impulsar las ventas de tu libro. Por ello es altamente recomendable contratar los servicios de un profesional, para que puedas delegar esta actividad lo cual te ahorrará tiempo y podrás centrarte en lo que realmente es importante, en crear tu arte o escribir tu libro.

Hay sitios en Internet dónde puedes crear tus propias portadas cómo *Canva*, que es excelente para el diseño de portadas sencillas si eres un consultor de marketing o experto de un nicho en específico.

Canva
Es una plataforma gratuita dentro de la cual puedes realizar muchos trabajos de diseño sin la necesidad de contratar a un experto. Hay algunas imágenes que son gratis y otras de paga. En Canva puedes encontrar formatos para diseño de invitaciones a eventos y anuncios en las redes sociales.

Fiverr.
Es una página dónde millones de profesionales de todo el mundo ofrecen sus servicios desde diseño gráfico, redacción e incluso hasta traducciones. Si tu presupuesto es reducido porqué vas comenzando, esta es una excelente opción. Puedes encontrar diseñadores que te hacen portadas desde 5 hasta 150 dólares, dependiendo de cuan alto sea tu presupuesto.

99 Designs
Si tu presupuesto es más alto y quieres algo más serio y profesional, hay otras páginas cómo 99 Designs en las cuales puedes contratar los servicios de un diseñador. En esta página puedes subir una solicitud de diseño y 99 Diseñadores te enviarán sus mejores propuestas en base a lo que has solicitado. Cabe recalcar que son diseñadores profesionales.

La otra opción es que puedes buscar a un amigo de confianza con conocimientos en diseño gráfico que te ayude a realizar el diseño de tu portada o algún referido por conocidos, etc.

IMPORTANTE: Desde este paso debes conocer el tamaño de la portada completa de tu libro, lo cual ocuparás cuando publiques la versión impresa. Para un libro de no ficción o autoayuda el tamaño recomendado es 6" x 9" y para una novela o libro de ficción es 5" x 8". Puedes usar el mismo tamaño para tu versión Kindle.

PARTE 3
El Lanzamiento de tu Libro

Elige una fecha de publicación y hazla pública

Una de las primeras cosas que harás ahora que ya tienes el borrador final de tu libro es contarle a todo mundo cuando será la fecha de lanzamiento. Es muy importante poner esto cómo meta desde un inicio ya que hará que te comprometas contigo mismo y que incluso les recomiendo a mis alumnos de Lanza tu Libro con Éxito que hagan ya que eso hará que se pongan en acción de inmediato. Hazla memorable, colócala en donde quiera que puedas. Ya sea en tu auto o en tu cama, pero trata de que sea una fecha que realmente puedas recordar y estés dispuesto a cumplir. Contárselo a todo el mundo a través de tus redes sociales hará que aumente el compromiso que tienes contigo mismo de lanzar ese libro y sobre todo creará cierta atracción de la gente por conocer tu trabajo cómo escritor.

El primer paso es elegir la fecha, recuerda que la fecha debe ser congruente con lo que estás haciendo día a día. Puede que en este punto te encuentres en la etapa de las últimas correcciones y por ello es indispensable que también calendarices los días que vas a estar corrigiendo los últimos detalles.

Haz una competencia de portadas

Una de las formas de crear mayor interacción con la gente hacia tu libro es realizar una competencia de portadas. La idea es hacer que el interés de las personas a tu alrededor crezca y por ello es indispensable que les des la oportunidad de conocer tu trabajo a través de una competencia. Lo primero que tienes que hacer es conseguir mínimo unas dos portadas con tu diseñador.

El diseñador generalmente te da una, dos y hasta tres opciones para elegir de una portada. Cuando lo haga, no le des una respuesta inmediata. Pídele que te mande las tres muestras en calidad de borrador. Súbelas a tus redes sociales dónde tengas más seguidores. Si manejas una página de Facebook, hazlo ahí. También puedes usar tu perfil personal y conocer la opinión de tus amigos personales y familia. Si usas una lista de suscriptores puedes enviarles un correo. Ahora, les vas a preguntar que portada les gusta más y porqué. Eso hará que se sientan parte del lanzamiento de tu libro y será una gran señal de que vas demasiado enserio con lo que estás haciendo.

Déjales el poder de decisión. Puede que tengas tu favorita pero es indispensable conocer la perspectiva de otras personas cuando estamos hablando de un lector. Entre todos tus contactos debe haber personas fanáticas del género que estés escribiendo.

De hecho esto es algo que hice el año pasado y causó un enorme furor entre mis conocidos y algo que vemos a muy profundidad dentro de mi programa Lanza tu Libro con Éxito. Desde ese momento puedes encontrar a tus lectores ideales, ya que la gente comienza a prepararse con antelación para tu gran lanzamiento. Ellos quieren saber más sobre lo que estás haciendo e involucrarlos en tu lanzamiento a través de la portada hará que te acompañen en tu viaje cómo escritor. Y eso es algo realmente increíble.

Anuncia la portada ganadora

La portada que haya tenido más comentarios o que haya recibido más votaciones será la portada ganadora. Dáselos a conocer y explícales cómo fue que su opinión te ayudó a decidir la portada que necesitabas para tu libro. Es importante hacerle saber a la gente que su opinión realmente cuenta mucho.

Esto también es una forma de mostrar tu trabajo como escritor de forma adelantada, la gente creerá que vas muy en serio, habrá más respeto y ello te ayudará a continuar con tu meta para publicar tu libro en el tiempo en que lo has decidido.

Crea tu página de autor en Amazon Central

Uno de los requisitos indispensables para todo escritor es tener una página de autor dentro de Amazon. Esta página no sólo le ayudará a Amazon a saber quién es el autor del libro, sino que a largo plazo te permitirá conectar todos los libros que has publicado. La página de autor en Amazon permite a todos los compradores y clientes potenciales conocer más acerca del autor en cuanto a los libros que ha escrito y una breve descripción sobre su vida.

Como herramienta, la página de autor en Amazon es una excelente oportunidad para exponer y promocionar tu trabajo. Además, te permite mostrar información biográfica, los libros que tienes y los mensajes más recientes en tu cuenta de Twitter (si lo usas).

Para registrarte y construir tu página de autor en Amazon puedes acceder a través del siguiente link:

https://authorcentral.amazon.com

Escribe la descripción de tu libro

La descripción de un libro es de suma importancia. Es una sinopsis de lo que trata tu historia o el problema que estás tratando de resolver desde tu experiencia. En el caso de los libros en Amazon, la descripción de un libro es uno de los factores de decisión para que la compra por parte del lector sea efectuada. Una descripción para un libro de ficción tiene que ser enganchadora y con un poco de misterio acerca de lo que va la trama. Si tu libro es de no ficción tienes que hablar del problema que estás resolviendo desde tu experiencia con una puerta a la solución que tú le vas a dar. La descripción de tu libro es una de las primeras cosas que el lector o cliente potencial ve al entrar a la página de tu libro en Amazon. Si tu descripción no es lo demasiado atractiva es muy probable que el lector decida pasar página y seguir viendo otros títulos. Por ello es muy importante que las descripciones hablen a grandes rasgos sobre qué va la historia, darles información acerca del protagonista y sobre el gran misterio que está tratando de resolver.

Es uno de los mayores retos al que te podrás enfrentar pero más fácil de lo que crees. Realmente, es cómo una carta de ventas en la cual tendrás que decirle al lector porqué debe comprar tu libro. Para Amazon es una descripción de ventas. Uno de los mayores errores es escribir una sinopsis y no poner atención a lo que realmente tus lectores están buscando.

Quiero darte dos ejemplos de dos descripciones de libros. Una de ficción y otra no ficción.

Ficción:

Libro: Secretos del Pasado (Una Novela de suspense y misterio sobrenatural de "El Circulo Protector")

Descripción: Para Ryan Goth el haberse mudado a Terrance Mullen, California parecía haber sido la mejor decisión que su familia pudo haber tomado. Sin embargo, una serie de extraños sucesos adentran a Ryan en un mundo dónde lo sobrenatural y la fantasía abundan siendo conducido a un destino inesperado. Ahora que sabe que es uno de los Cinco Guerreros pertenecientes al Círculo Protector, deberá encontrar a sus cuatro compañeros y cumplir con su llamado mientras que una ola de secretos sale a la luz y pone en riesgo la vida de su familia y amigos.

"Secretos del Pasado" es una novela de fantasía, suspense y misterio sobrenatural que te mantendrá atrapado y no podrás soltar. ¡Cómprala y léela ahora!

No-Ficción:

Descripción:

¿Estás cansado de preguntarte qué debes hacer con tu vida?
¿Estás harto de tu trabajo?

¡No te preocupes! ¡Sé cómo te sientes!

Yo tenía la costumbre de empezar cada semana diciendo "Odio mi trabajo" y me la pasaba cada viernes por la noche tomando para desquitar mi amargura. Era uno de esos trabajadores detrás de un cubículo en las grandes compañías, dónde iba a juntas sin sentido, escribía documentos que nadie iba a leer e implementaba sistemas que pronto quedarían obsoletos. Cada día, mi alma y mi creatividad morían poco a poco.

¿Te has sentido así?

Bueno, la vida es demasiado corta para pasártela en el borde de la amargura y existe una mejor forma de vivir. Sólo necesitas descubrir lo que realmente amas y hacer de ello tu trabajo, el trabajo de tu vida. Este libro te llevará a través del entendimiento de la manera en que te sientes ahora mismo a cómo mejorar tu situación actual para que de inmediato puedas hacer suficiente espacio para hacer lo que realmente amas. También contiene un paso a paso de los cambios que hice para pasar de Consultora de Procesos a emprendedor-autor de tiempo completo.

Cómo puedes ver existe una gran diferencia entre la descripción de un libro de ficción y no ficción. El primer título te da una introducción sobre el personaje principal y uno de los eventos más importantes que acaba de ocurrir en su vida y las consecuencias que comienza a vivir a raíz de ese evento. Poco a poco te empieza a hablar de una de esas consecuencias y lo que tendrá que hacer para resolver los conflictos que se le están presentando. De una forma u otra crea ese gancho que el lector necesita para decidir si le dará una oportunidad a la obra o no.

En la segunda descripción, vemos un libro de no ficción. De lo primero que te habla es acerca del dolor o problema que se está presentando actualmente. Poco a poco el autor comienza a hablarte de su historia para que empatices con él. Después te hace una pregunta capciosa en la cual quiere que te identifiques y finalmente te da una introducción a la solución que te está ofreciendo de manera clara y concisa.

Es muy importante pensar en el problema que el lector tiene ya que cómo autor estás resolviendo un problema en particular que ciertos lectores tienen y ellos de alguna u otra forma buscan solucionar ya sea a través de Amazon o Google.

Una excelente forma de crear un gancho para un libro de no-ficción es: *¿Alguna vez te has preguntado cuáles son los errores más comunes por los cuales no estás vendiendo tu curso online?*

La fórmula excelente para escribir una descripción de un libro de no-ficción es:

1. Crear un disparador que les lleva a pensar sobre el problema. Ejemplo: *¿Alguna vez te has preguntado por qué no puedes... [PROBLEMA]?*
2. Cuéntales de tu experiencia un poco y de los obstáculos que pasaste para que el lector conecte de manera emocional con el problema.
3. En este libro aprenderás... es importantes dejarles claro a los lectores potenciales qué es lo que van a aprender cuando lean tu libro. Evita decirles: En este libro yo te voy a enseñar. Es importante que ellos piensen de manera independiente lo que están a punto de entender. Usa frases cómo *"En este libro aprenderás"* o *"En este libro descubrirás"*. Cuéntales de la solución y porqué crees que tu solución les ayudará a resolverlo.
Recuerda: <u>Gancho + Experiencia + Tu Solución</u>

Para los libros de ficción debes tener claro cuál es tu género para establecer un gancho. Si es un libro de misterio: *¿Podrán Ryan y Alison desenmascarar al villano y descubrir cuál ha sido su verdadero plan todo este tiempo?*

Cada género en los libros de ficción tienen un gancho diferente. Si conoces tu género puedes escribir un fuerte gancho en tu descripción. Es importante mencionar el nombre del personaje, hablar sobre su ocupación, platicar un poco de su pasado y porqué está relacionado con lo que está enfrentando en la actualidad. Entre más ganchos tengas es mucho mejor.

La importancia de las palabras claves (keywords)

Las palabras claves son los ingredientes esenciales en la publicación exitosa de un libro. Uno de los mayores errores a los que muchos escritores nos hemos enfrentado, y me incluyo, es a no poner la atención adecuada a estos elementos tan importantes. Las palabras claves le dicen a Amazon sobre lo que trata tu libro. Es una forma perfecta también de posicionar tu obra dentro de su motor de búsqueda. Los lectores entran a las páginas de Amazon y buscan los libros de los géneros que más les llamen la atención. Un ejemplo de palabra clave es: *libros de superación personal* o *bajar de peso*. Cómo ves, es una manera de decirle a los motores de búsqueda sobre que trata tu libro.

Una de las formas más prácticas de buscar las palabras claves para tu libro antes del lanzamiento y que debes hacerlo es ir directamente a la página de amazon.com y colocarte en la categoría Kindle Store. Ello te dará una forma más rápida de filtrar los tipos de búsqueda que necesitas.

El primer paso a realizar es escribir por ejemplo: como bajar…

Si ejecutas este primer paso y escribes esas primeras dos palabras verás que el motor de búsqueda despliega algunas opciones cómo sugerencias en base a la relevancia. Amazon opera por relevancia. Las palabras clave tienen la influencia más profunda ya que tu libro aparecerá una vez que el cliente ha entrado a Amazon y ha escrito en los motores de búsqueda.

Trata de ponerte en los zapatos de los lectores e imagina el tipo de términos que ellos introducirían dentro del campo de búsqueda cuando están buscando un libro que comprar.

Algo que puedes hacer es incluir las palabras claves en tu título o subtítulo o incluso en ambos. Un ejemplo es mi reciente novela. Para el título elegí *"Secretos del Pasado"*. Es un título que me pareció excelente cuando lo platiqué con una de mis hermanas. No me preocupé tanto por meter esas palabras claves en el título pero decidí que era bueno hacerlo para el subtítulo *"Una novela de suspenso y misterio sobrenatural de la serie El Círculo Protector"*. Con el subtítulo le estoy diciendo a Amazon sobre qué género es mi libro y que tipo de libro es, en este caso, una novela y que pertenece a una serie de libros.

Si sientes que añadiendo palabras claves a tu título le dará menos empuje, entonces no lo hagas. Es mucho más importante tener un título y subtítulo poderoso que tenerlo sobrecargado de palabras claves y que llegue a sonar sin sentido.

Ejemplo: Una novela de terror crimen detective espías y intriga épica.

Otro ejemplo para los libros de no-ficción:

Tips de Productividad para Emprendedores: 53 Maneras Sencillas de Hacer Crecer Tu Negocio e Incrementar Tu Productividad en 5 Minutos o Menos.
Cómo puedes ver en este título y subtítulo el autor no ha sobrecargado su título con palabras claves que causara que el título pareciera un robot. Él tiene ejemplos de palabras claves cómo *"Tips de Productividad"*, *"Emprendedores"*, *"Crecer Tu Negocio"* y *"Productividad"*.

Es importante que sepas que el número de búsquedas para cada palabra clave debe estar por debajo de los 500.

La importancia de las categorías

Uno de los aspectos más importantes que debes considerar cuando estés en el proceso de lanzar tu libro son las categorías en las que vas a incluirlo.

Elige las categorías en base al género de tu libro. Si es un libro de ficción que habla sobre una novela de romance histórico, puedes elegir categorías cómo "Romance" o "Historia", o si es un libro de desarrollo personal puedes buscar categorías cómo "Finanzas Personales", "Dietas" o "Estilo de Vida" dependiendo de cuál sea el problema que estás resolviendo con tu libro.

Una de las recomendaciones que puedo hacerte es que aumentes el alcance de su visibilidad y esto lo logras ubicando el libro en dos subcategorías de una categoría distinta. Un ejemplo sería un libro que hable sobre el mejoramiento de la relación con el dinero. Sabemos que este tipo de títulos están relacionados con Finanzas Personales y Motivación que pueden ser subcategorías excelentes para que la visibilidad de tu libro aumente en Amazon.

Debes ser específico en las subcategorías que elijas para tu libro ya que ello aumentará el potencial de visibilidad. Si tu libro comienza a hacerlo excelentemente bien, estarás dentro del TOP #100 de las categorías que hayas elegido.

Verificando el ranking de los libros en cada categoría te darás cuenta de que tan competitiva es cada una. Esto lo haces viendo los rankings de los libros que se encuentren en dicha categoría accediendo a la página de cada uno.

Product Details

File Size: 558 KB
Print Length: 272 pages
Simultaneous Device Usage: Unlimited
Publication Date: February 29, 2016
Sold by: Amazon Digital Services LLC
Language: Spanish
ASIN: B01BCLPRP8
Word Wise: Not Enabled
Lending: Enabled
Enhanced Typesetting: Enabled ⊡
Amazon Best Sellers Rank: #16,913 Paid in Kindle Store (See Top 100 Paid in Kindle Store)
  #2 in Kindle Store > Kindle eBooks > Foreign Languages > Spanish > **Historia**
  #2 in Books > Libros en español > Historia > **Europa**
  #4 in Kindle Store > Kindle eBooks > History > Europe > **Spain & Portugal**

En la imagen de arriba puedes ver la sección *"Product Details"* dónde se detallan las características de tu producto, en este caso tu libro, y al final el título *"Amazon Best Sellers Rank"*. Esas son las tres subcategorías en las que tu libro se encontrará ubicado. Cómo puedes ver, este es un libro que le está yendo muy bien dentro de Amazon al estar dentro de los primeros lugares. Pero lo que quiero que veas son las palabras en negritas, esas son las subcategorías. Debes entrar a cada una de ellas y verificar la posición en la que se encuentran estos libros de esa manera podrás darte cuenta si vale la pena competir en dicha categoría.

Una vez dentro de la categoría, podrás ver los títulos acomodados de tres en tres. Verifica el *"Best Seller Rank"* de cada uno. Busca las categorías que tengan en común y si son títulos entre los 15,000 a los 30,000 entonces es una buena oportunidad de competir dentro.

Formateando tú libro

Uno de los grandes retos a los que todo autor puede enfrentarse es darle formato a su libro. El formatear o maquetar no es más que acomodar las secciones que has creado de tu libro. Por ejemplo: el prólogo, la introducción, el capítulo 1 al 10, los agradecimientos y una invitación a la página del autor así mismo los últimos detalles en redacción.

Scrivener

Hay programas excelentes cómo Scrivener, que en este caso es mi favorito. Scrivener es una herramienta que te permite llevar la gestión de toda tu obra literaria cómo si se tratara de un proyecto. Desde las ideas hasta la exportación de tu libro a los formatos *Epub, Mobi, Doc, PDF y AWZ3*. Cuenta con una versión gratuita de 30 sesiones de uso lo cual es genial si quieres probar esta gran herramienta.

Estas son algunas de las cosas que Scrivener te permite realizar:

- *Crear carpetas dentro de tu proyecto.*
- *Establecer el número de palabras que escribirás durante cada sesión.*
- *Establecer el total de palabras de tu libro.*
- *Almacenar imágenes dentro del cómo ayuda visual para tus personajes, lugares o fuentes de inspiración.*
- *Organizar tu obra a través de secciones que pueden de manera que ordenes tus capítulos y escenas.*
- *Usar una etiqueta o palabra clave para categorizar tus escenas. Por ejemplo, si quieres saber en qué escena aparece cada personaje, puedes hacerlo a través de una etiqueta.*
- *Escribir en modo de pantalla completa para tener mayor concentración.*

En la imagen de abajo, puedes ver cómo luce el desarrollo de un libro a través de Scrivener:

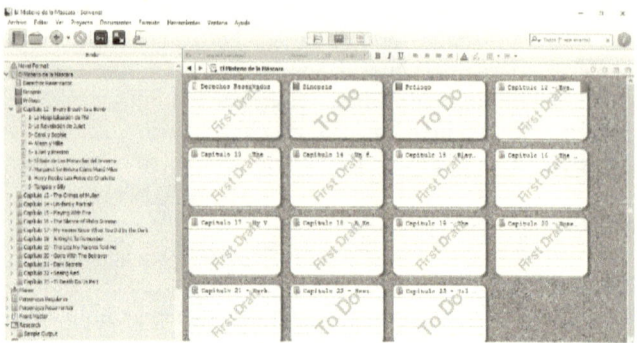

La imagen corresponde a mi segunda novela. Cómo puedes ver en la columna izquierda se aprecian cada uno de los elementos que corresponden a la obra. Cómo la sinopsis, el prólogo, los capítulos con sus escenas respectivas y los capítulos restantes, y de igual manera los lugares que aparecen dentro de la historia. Una de las cosas que a mí me gusta hacer es seleccionar actores o actrices que se parezcan a la descripción del personaje que quiero dar. Además puedes llevar un estatus de cada una de las carpetas, por ejemplo: primer borrador, pendiente de escribir, etc. Una de las maravillas es exportar tu documento ya que cuando lo haces, Scrivener se encarga de todo el acomodado. Por ejemplo si quieres hacer correcciones, una vez que termines de escribir tu libro puedes exportarlo al formato Word y hacer los ajustes necesarios antes de enviárselo a tus lectores Beta o Editor.

Así que una vez que termines de escribir tu libro podrás exportarlo a los formatos que gustes. Para más información y ver los tutoriales de Scrivener, te recomiendo seguir a Joseph Michael de Scrivener Coach, quien da excelentes consejos sobre el uso óptimo de esta maravilla herramienta.

Para descargar Scrivener, accede al siguiente enlace:
https://www.literatureandlatte.com/scrivener.php

Calibre

Calibre es una herramienta muy poderosa que te permite convertir tus archivos al formato de un libro electrónico. Para los PDF's te recomiendo que uses mejor Scrivener ya que puede que Calibre no acomode el texto cómo quieres. Aunque por otro lado, cuando quieres editar tu archivo en Epub o Mobi, que son los formatos de los libros electrónicos, Calibre es tu mejor opción.

Cuando estaba formateando mi libro a finales de agosto de 2016 tuve algunos problemas. Quería agregar un índice de manera que resultara más fácil para mis lectores leer mi libro pero no sabía cómo editar el encabezado *"Tabla de Contenidos" o "Contents",* que se crea en automático cuando exportas tu archivo desde Scrivener. La tabla de contenidos contiene los temas más importantes de tu libro, en este caso los capítulos:

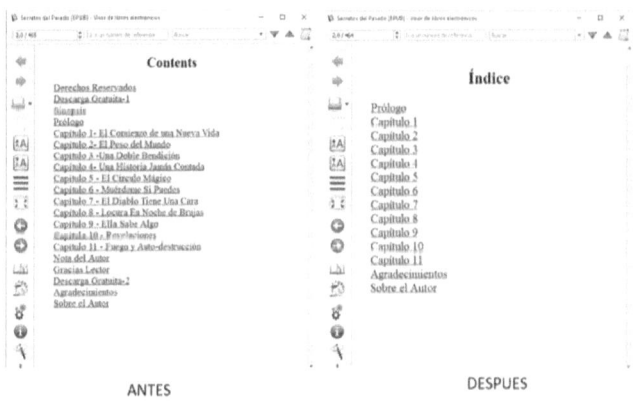

ANTES   DESPUES

La tabla de contenidos es un elemento que se crea en automático. La mejor forma de editarlo es a través de Calibre. Cómo puedes ver en la imagen izquierda aparecen muchos títulos. Estos títulos son las carpetas que cree en Scrivener cuando estaba escribiendo mi libro. Cómo estaba a punto de publicar, lo que hice fue usar Calibre para editar el archivo epub. Cabe mencionar que esto sólo puedes hacer accediendo al código del archivo lo cual es muy sencillo. En la imagen derecha hay un orden más congruente porque es el índice que quiero que mis lectores vean. Cómo es un libro en español cambié la palabra "Contents" por "Índice". En conclusión, este software es una maravilla para trabajar el formateo de tu libro antes de que lo publiques.

Para descargar el software, basta con acceder a la página principal de Calibre, es un programa completamente gratuito lo cual hace mucho más sencillo el proceso de publicación. Puede ahorrarte hasta un montón de dólares ya que son tareas sumamente sencillas pero importantísimas para corregir los últimos detalles.

Para descargar Calibre, accede al siguiente enlace:
http://calibre-ebook.com/

Kindle Previewer

Una herramienta estupenda para echar un vistazo a cómo se vería tu libro en los dispositivos electrónicos es Kindle Previewer, que puedes descargar en:

https://www.amazon.com/gp/feature.html?docId=1000765261

De esa manera puedes averiguar si hay detalles que corregir antes de pasar a la publicación en KDP (Kindle Direct Publishing).

Publicando tu libro en KDP (Kindle Direct Publishing)

Una vez que ya tienes tu libro preparado y lo has formateado adecuadamente, es hora de publicar. Por ahora, vamos a enfocarnos en Amazon ya que es el motor de búsqueda de los compradores.

Lo primero que debes hacer antes de publicar tu libro es tener tu portada en alta resolución. El formato que puedes usar es PDF o JPG y es recomendable que tengas tu libro en formato Epub.

KDP Amazon

KDP Amazon o Kindle Direct Publishing es una plataforma que Amazon ofrece publicar tu libro en Ebook o formato digital. Durante años, Amazon ha sido una de las tiendas más grandes dentro del mundo del Internet, pero a su vez, es uno de los motores de búsqueda más potentes y es necesario entender cómo funciona. Ahora que estás a punto de publicar, es importante que tengas tu libro preparado en Epub. Si usas tu archivo en Word, es muy probable que cuando KDP Amazon haga la conversión a libro electrónico no tenga los mismos resultados que con un archivo Epub. Lo que hace KDP Amazon cuando subes tu archivo es convertirlo al formato Mobi. Si intentas subirlo en formato Mobi no te permitirá hacerlo ya que la página misma de hace cargo de la conversión.

Aunque hayas hecho una vista previa con Kindle Previewer, es recomendable que eches un último vistazo a cómo se verá tu obra cuando esté en las pantallas de millones de lectores de todo el mundo. Desde la portada hasta la página final. No te preocupes si te sientes abrumado porqué son muchas cosas, vamos a ir paso a paso haciendo cada una.

Para registrarte en KDP Amazon debes hacerlo en el siguiente enlace:

https://kdp.amazon.com

Una vez que ingreses a tu cuenta, verás una pantalla cómo la siguiente:

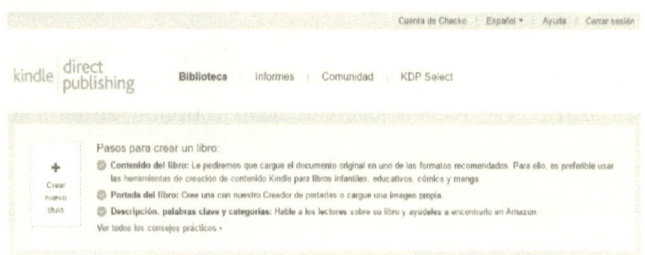

Ahora, debes hacer clic en *Crear nuevo título*.Después deberás llenar sólo los datos de tu libro y subir la portada y el contenido en formato Epub. Te recomiendo que lo hagas de la siguiente manera:

1) Datos de libro:
Nombre (*Recuerda que puedes incluir palabras claves y que tenga congruencia*).
Subtítulo (R*ecuerda las palabras claves*)
Número de edición: Es opcional aunque si tienes una base de lectores ya establecida y tu libro es una segunda versión, recomiendo que lo uses.
Editor: Es opcional también pero si tu editor es alguien que quieras recomendar a otros autores, tómalo en cuenta.
Descripción: Muy importante. Recuerda que es el arma secreta dentro de tu carta de venta o página de producto. Debe de tener un disparador, un gancho y la llamada a la acción para comprar tu libro.
Colaboradores del libro: Coloca tu nombre cómo autor y puedes dar los méritos a tu diseñador u otras personas que hayan estado involucradas en la creación de tu libro.
Idioma: El idioma de tu libro.

ISBN: Son las siglas de International Standard Book Number y es el número de 13 cifras que identifica de manera única a cada libro o producto editorial publicado en el mundo con características semejantes. Su propósito es identificar un título o su edición. Cuando vas a publicar en KDP Amazon la versión electrónica de tu libro, es opcional. Por lo general, este número es usado para las versiones impresas o papel de los libros y sirve para comercializar el mismo dentro de una región en particular o alrededor del mundo. Si haces el registro de tu ISBN con Amazon es completamente gratis además de que ellos se encargan de distribuirlo a nivel mundial sobre lo cual te daré más detalles cuando vayamos a publicar tu libro en papel.

2) Derechos de Publicación
Selecciona "Yo poseo los derechos de este libro".

3) Categorías del eBook
KDP Amazon te permite sólo elegir dos categorías así que sé cuidadoso al elegir las subcategorías en las que colocarás tu libro. Recuerda el ejercicio de buscar tus categorías a través de los libros Best Seller.

Palabras claves: Escribe las palabras claves que has elegido previamente. Recuerda que las encontraste a través del ejercicio del motor de búsqueda..

4) Fecha de lanzamiento:
Puedes poner el libro en preventa si tú lo gustas. Esto ya dependería directo de una estrategia más sólida. Pero cómo en este momento estamos publicando por primera vez, elige que la fecha sea el momento en que estás subiendo los archivos.

5) Cargar o crear una portada de libro
Haz clic en "buscar imagen" y sube la portada ganadora de tu libro. Generalmente tarda entre 1 y 5 minutos para que la portada esté subida de manera correcta.

6) Subir el archivo del libro

Haz clic en buscar y sube el archivo Epub de tu libro. Te recomiendo que subas este formato ya que será mucho más sencilla la conversión a Mobi. Usualmente, este proceso de subida demora entre 1 y 6 minutos por lo que debes ser paciente mientras KDP procesa tus archivos.

7) Vista previa del libro
KDP maneja su propio visualizador de libros electrónicos dónde podrás echar un vistazo de cómo se veía tu libro en las pantallas de los Kindle de tus lectores. Te recomiendo que lo hagas para que esto te ayude a estar más seguro de tu decisión. Después, selecciona Guardar y Continuar.

8) Territorios de publicación
Selecciona "Derechos mundiales" (todos los territorios).

9) Establecer precios y regalías
Debes ser muy específico al momento de elegir un precio y una opción de regalías para tu libro. Por lo pronto, selecciona el 70% de regalías y escoge un precio por encima de los 2.99 dólares. Ya te explicaré en el próximo capítulo porqué te recomiendo que escojas esta opción. Cuando eliges el precio, KDP hace la conversión automática del precio en dólares a las demás divisas. Esto significa que tu libro no sólo estará disponible en Amazon.com, sino en todas las tiendas de Amazon cómo Reino Unido, Alemania, Francia, España, Italia, India, Países Bajos, Japón, Brasil, Canadá, México y Australia. Es importante que eches un vistazo a los cambios que se dieron en el 2015 sobre la fijación en precios para la Unión   Europea   en https://kdp.amazon.com/en_US/help/topic/G201645410

10) Kindle Matchbook
Esto aplica para los clientes que compren la versión impresa de tu libro y que después quieran realizar la transición al libro electrónico. Es opcional. Tus clientes podrán adquirir la versión eBook de tu libro por $2,99 o menos. También es importante que sepas que sólo aplica para libros que su precio sea menor al 50% del precio de lista de Kindle.

11) Préstamo de libros Kindle

De inicio, te recomiendo esta opción. Selecciona la casilla "Permita la opción de préstamo para este libro". Al hacerlo, tu libro quedará inscrito dentro del programa *"Kindle Unlimited"*, en el cual los clientes que cuenten con la membresía de este programa podrán leer tu libro mediante préstamos. Amazon destina un fondo mensual de más de 15 millones de dólares a nivel mundial del cual te paga por cada página que tus lectores leen.

Al final de la página verás el mensaje *"Al hacer clic en "Guardar y publicar" a continuación, confirmo que tengo todos los derechos necesarios para que el contenido subido esté disponible para la comercialización, distribución y venta en cada territorio que he indicado, y que cumplo los términos y condiciones de KDP"*

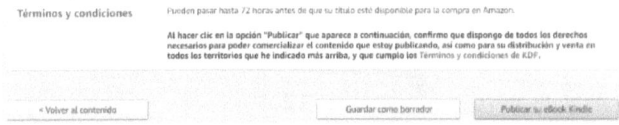

Puedes guardar cómo borrador si hay algo que te faltó hacer de último minuto. Si todo está bien, entonces haz clic en Publicar su eBook Kindle. Tu libro estará disponible durante las próximas 72 horas pero generalmente es menos el tiempo de espera. Actualmente oscila entre las 12 y 24 horas. Una vez que ya has publicado tu libro, *¿pensaste que te dejaría así?* Créeme, la historia apenas comienza.

Es hora de poner en marcha todo lo que has aprendido y comenzar con tu plan de lanzamiento.

CHECKO MARTINEZ

Las promociones gratuitas de KDP Select

KDP Select maneja dos tipos de promociones gratuitas cómo estrategias de marketing para tu libro. Para ello tienes que estar inscrito en el programa de exclusividad de Amazon, lo cual no te permite publicar tu libro en otras plataformas cómo iTunes y Barnes & Noble. Pero cuando se trata de tu primer libro, un empuje le vendría bien para que logres posicionarlo. En cuanto a ello, Amazon hace un excelente trabajo para que los autores logren posicionar sus libros lo más alto y puedan tener excelentes ingresos a través de las ventas de sus libros. Para ello, vamos a hablar sobre las dos promociones que KDP Select ofrece dentro de su programa.

IMPORTANTE: Al inscribir tu libro en KDP Select, el periodo de exclusividad correrá por los próximos 90 días.

1) Promoción de 5 días (Free Promo):

KDP Select te da la opción de hacer una corrida gratuita de 5 días para tu libro. Usando la free promo correctamente añadirás lo más jugoso de Amazon a tu lanzamiento logrando un montón de descargas para tu libro.

Cuando me refiero a lo más jugoso de Amazon significa que ellos te apoyarán mostrando tu libro en las páginas de los libros de otras personas en la parte *"Customers Who Bought This Item Also Bought"*.

Aún si no haces dinero durante tu periodo de descarga gratuita, tu éxito durante este tiempo te ayudará a hacer más dinero cuando tu libro cambie a *"Pagado"*. Lo cual es impresionante, además de que Amazon hará saber a tantas más personas como sea posible sobre tu libro o tu mensaje, muchos de los cuales han escuchado sobre ti sino fuera por la promoción gratuita.

Es importante que si vas a usar esta promoción programes un horario. De preferencia hazlo comenzando un domingo ya que los días viernes y sábado generalmente son días muertos. Eso te ayudará a evitar estos días y que la promoción corra de domingo a jueves, además de que casi todo el mundo sucumbe ante la locura del fin de semana. Me costó aprender de este error ya que mis lanzamientos anteriores, en 2014 y 2015 los hice en fin de semana y los resultados posteriores fueron desastrosos. Así que cuando usé la estrategia de la promoción gratuita comenzando en domingo, los resultados a corto y mediano plazo fueron grandiosos.

Durante tu periodo de KDP Select, sólo podrás hacer uso de 5 días de promoción gratuita. Esto quiere decir que si quieres usar de nuevo otros 5 días, tendrás que renovar tu inscripción al programa por otros 90 días. Esto ya depende de los planes a largo plazo que tengas cómo escritor o autor.

2) Promoción de Cuenta Regresiva (Kindle Countdown Deal):

Este tipo de promoción aplica sólo si tu libro tiene al menos 30 días dentro de Kindle Store (con el mismo precio, es decir, que no lo hayas cambiado). Para poder usar esta promoción, necesitas cumplir con el requisito mencionado anteriormente. Esto significa que durante tu primer lanzamiento no podrás hacer uso de esta promoción.

Esta promoción puedes usarla sólo 7 días de tu periodo de inscripción a KDP Select. Si deseas usar otros 7 días más, deberás renovar tu inscripción al programa, lo cual ya depende totalmente de ti.

El plan de lanzamiento para tu libro

Ahora que ya has publicado tu libro en KDP, voy a mostrarte el Plan de Lanzamiento que usarás para lanzar tu libro. Este plan es el mismo que usé para posicionar mi primer novela cómo un Best Seller de Amazon.

¿Estás listo/a? Bien aquí vamos.

¡Que empiecen los juegos!

Paso 1: Después de que has publicado tu primer eBook en KDP Amazon esperarás a que esté disponible durante las próximas 12 horas. No es necesario buscar constantemente en los motores de Amazon, KDP te enviará un correo electrónico en cuanto esté listo.

Paso 2: Haz publica la fecha de tu lanzamiento. Te recomiendo que sea en martes. Esta será la fecha en la que tus amigos, conocidos y familiares sabrán que el libro está disponible para su descarga.

Paso 3: Elige las fechas para tu promoción gratuita dentro de KDP Select. Te recomiendo que comience en domingo, ya que esto le dará ese punch a tu libro que necesita para la fecha de lanzamiento que has elegido. De esa manera, cuando todos tus contactos entren a la página de tu libro, este se encontrará en lo más alto de las listas. Trata de programar la promoción 24 horas antes.

Run a Price Promotion

Sign your book up for a Kindle Countdown Deal or a Free Book Promotion. Only one promotion can be enabled per enrollment period.

○ Kindle Countdown Deal Learn more
● Free Book Promotion Learn more

[Create a new Free Book Promotion]

Paso 4: Compra la primera copia de tu libro 24-48 horas antes de comenzar tu promoción gratuita. La primera compra empujará a tu libro dentro del algoritmo de Amazon. Recuerda que el precio de tu libro debe ser inflado. Te recomiendo que uses precios de $4.99 a $9.99.

Paso 5: Mantén el precio inflado durante los primeros cinco días de promoción gratuita. Amazon hará un excelente trabajo de marketing para ti ya que cuando la promoción gratuita se encuentre activa ellos tacharán el precio y dirán "Estás ahorrando $4.99" o cualquiera que fuese el precio de tu lista. Entre más alto sea el precio, la gente percibirá el valor real de tu libro y aprovecharán la promoción.

Digital List Price: ~~$9.99~~ What's this? ☑
Kindle Price: $0.00
You Save: $9.99 (100%)

PRO-TIP: Independientemente de cuando comiences tu promoción, siempre anuncia que será por sólo 2 o 3 días. Elige la cantidad de días y anúncialo antes de que comience la promoción. Esto le dará sentido de urgencia a la gente para que descargue tu libro mientras esté gratis por tiempo limitado.

Usa el siguiente script:

SCRIPT #1:

¡Hola chicos!

Hoy es el día de lanzamiento y tengo una gran sorpresa para todos ustedes.

Durante los próximos dos días podrán descargar una copia gratuita para Kindle de la nueva edición de mi libro NOMBRE. Así que si eres de aquellas personas que disfrutan las historias de GENERO 1 y GENERO 2, este libro te está esperando.

Link de Descarga: ENLACE

Recuerda... ¡Sólo estará disponible completamente GRATIS hasta mañana miércoles FECHA!

Descárgalo aquí: ENLACE

¡Feliz lectura! :)

SCRIPT #2:

¡Hola chicos!

Decidí mantener mi libro gratis por un día más porque ustedes lo pidieron.

Descárgalo en las próximas 24 horas mientras todavía esté gratis.

Link de Descarga: ENLACE

Recuerda... ¡Sólo estará disponible GRATIS durante las próximas 24 horas!

Descárgalo aquí: ENLACE

¡Feliz lectura! :)

Paso 6: Cambia el precio a $0.99 al menos 6-8 horas antes de detener la promoción manualmente. Recuerda, no esperes a que la promoción pare de inmediato, debes hacerlo de forma manual. Esto hará que tu libro se encuentre dentro de las primeras posiciones en el momento en que cambie a modo de libro pagado. Este será el momento en que el verdadero dinero comienza a producirse.

Es importante mencionar que cómo el algoritmo de Amazon ha mostrado algunos cambios durante los últimos meses, los tiempos pueden variar un poco. De cualquier manera, trata de echar un vistazo a los tiempos que tarde tu libro en cambiar los precios para que puedas considerarlo en casos futuros.

Publicando tú libro en Createspace

No hay nada más increíble que tener tu libro impreso en tus propias manos, *¿verdad?*

Bueno, si creíste que te dejaría colgado, déjame decirte que estás muy equivocado.

Ya que hemos llegado hasta este capítulo del libro, es importante mencionar que tanto un libro impreso cómo un Ebook tienen su propio peso dentro de la carrera de un autor. Un libro impreso es una excelente herramienta de marketing además de que podrás disfrutar de la experiencia cómo escritor de tenerlo en tus propias manos y hasta te puedes hacer una sesión de fotos con él y esto le dará un punch enorme a tu carrera cómo autor.

Createspace es una plataforma exclusiva de Amazon. Permite a todos los autores publicar sus libros en papel o versión impresa. Esto quiere decir que cómo autor tienes la oportunidad de hacer lo mismo que hiciste en Kindle Direct Publishing o KDP Amazon, pero ahora para una versión física de tu libro. Esto es increíble ya que si quieres hacer algún cambio en futuro, sólo debes actualizar los archivos y listo.

1) Sing Up
Sólo tienes que registrarte en la página Createspace y seguir cada una de las indicaciones que se muestran dentro. Es una plataforma sencilla de usar, y te recomiendo que utilices la misma información que usaste con tu versión Kindle, sobre todo las palabras claves y las categorías ya que esto ampliará la visibilidad de tu libro.

Al registrarte, asegúrate de crear un proyecto nuevo. Te preguntará que tipo de proyecto estás creando. Podrás ver algo cómo se muestra en la imagen de abajo:

2) Start Your New Project

Ve a *Agregar Nuevo Título (Add New Title)*. Al hacerlo, podrás ver una imagen cómo la que se muestra a continuación:

Por default, selecciona Paperback y escribe el título de tu libro. Asegúrate que sea el mismo que escribiste en Kindle Direct Publishing. Al tenerlo, selecciona la opción *"guiada" (Guided)* para continuar.

3) Title Information

Llena todos los datos solicitados. *Título, Subtítulo, Autor, Series Title (Si tu libro es parte de una serie), el número de Edición, Idioma y para la fecha de publicación* elige la fecha actual.

4) ISBN
Elige la opción que Createspace te da para crear el ISBN gratuito para tu libro. Recuerda que este número servirá para comercializar la versión impresa de tu libro y no puede ser cambiado.

5) Interior
En este paso debes subir el contenido de tu libro. Asegúrate de que esté bien formateado. Puedes usar uno de los templates que Createspace te da, sólo selecciona el tamaño adecuado. Te recomiendo que uses el tamaño 5" x 8" para los libros de ficción o novelas y 6" x 9" para los libros de no ficción. El papel recomendable para el texto de tu novela es Black & White on Cream Paper y para los libros de no-ficción el recomendado es Black & White on White Paper. Pero recuerda que esto es sólo una sugerencia ya que puedes usar el interior que tu deseas.

En "*Upload Your Book File*" debes subir el contenido de tu libro. Una vez que lo hagas presiona en continuar.

Cuando llegues a "*Bleed*" asegúrate de usar la opción "*Ends before the edge of the page*" y en "*Interior Reviewer*" selecciona la casilla "*Run automated print checks and view formatting issues online"*, de esta manera tendrás una vista previa del paginado del interior.

6) Cover

En este paso debes subir la portada completa de tu libro. Esta portada incluye la contraportada y el lomo. Es necesario que conozcas el número de páginas de tu libro en papel. Te recomiendo que descargues uno de los templates que Createspace te da y para ello es necesario que coloques el número de páginas ya que el template se genera en automático a través de este número. Necesitas conocer el total de páginas de tu libro ya que esto será el detonante para el tamaño del lomo. Proporciónale este template a tu diseñador y dale las especificaciones necesarias. En cuanto te entregue la portada completa, súbela a Createspace y continúa.

7) Complete Setup

Es necesario que completes la configuración de todos tus archivos. Para ello, debes hacer clic en *"Interior"*. Una vez hecho esto, a continuación haz clic en *"Launch Interior Reviewer"*. Esta opción te permitirá echar un vistazo de cómo se veía tu libro impreso en papel para que puedas ver el paginado, la letra, los márgenes, redacción y si hay algo que quieras corregir de último minuto. Si crees que todo está bien, puedes seleccionar la opción *Skip Interior Reviewer.*

Mientras estés revisando el interior de tu libro en el pre visualizador de Createspace y crees que todo está bien, sólo haz clic en salvar y continuar.

La parte final del proceso para completar tu configuración es enviar tus archivos para una revisión. Al hacer clic en esta opción, deberás confirmar que estás seguro. A partir de ese momento, deberás esperar de 16 a 24 horas aproximadamente para que recibas un correo de Createspace dónde te confirmarán si existe algún detalle que debas revisar con tus archivos o si todo está en orden y listo para comercializar tu obra.

8) Proof Your Book

En el momento en el que recibas un correo electrónico de Createspace dónde te aseguren que todo está en orden con tu libro, debes hacer una última cosa antes de empezar a comercializarlo a través de los diferentes canales de distribución que Amazon te ofrece. Debes aprobar una muestra física, aunque esto es opcional. Cómo autor, el costo de la copia física de muestra tiene un valor módico de 3 a 4 dólares y el envío depende de la zona dónde te encuentres. Ahora, esta aprobación es opcional. Si tú crees que la aprobación a través del pre visualizador online es suficiente, puedes hacerlo de esa forma. Pero nada mejor que tener una muestra de tu libro para ti ¿no?

Si lo haces, debes solicitar una muestra física y pedir que te la envíen al domicilio en dónde te encuentres. El periodo de entrega tarda dependiendo de tu zona. Los precios de envío también varían. Una vez que tú recibas tu copia física y te asegures de que todo está bien, sólo haz clic en *"Aprobar muestra física"* y lo siguiente que debes hacer es pasar a los canales de distribución.

9) Channels

Los canales de distribución que Amazon te ofrece son gratuitos y permite que cualquier persona del mundo tenga acceso a tus libros en papel. Actualmente, todavía hay mucha gente que compra libros en papel a través de Amazon. Te recomiendo que selecciones todos:

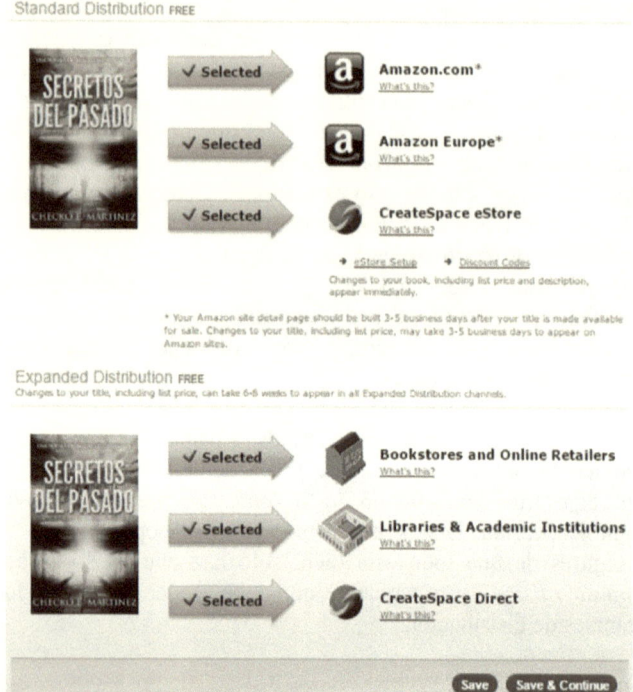

De esa manera, Amazon comercializará tu obra a través de todos sus canales de distribución.

10) Pricing

Debes establecer un precio para tu libro. Dependiendo del precio se hace el cálculo de regalías. No hay una regla en cuanto a precios. Lo que te recomiendo es ir directo a la página de los Best-Sellers en paperback y estimar un precio promedio.

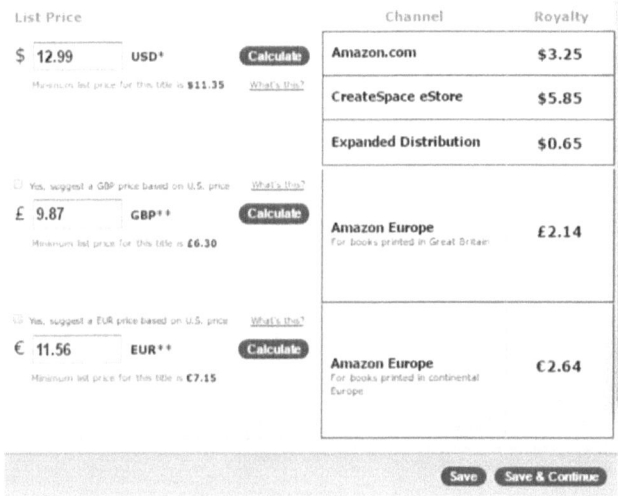

List Price		Channel	Royalty
$ 12.99	USD*	Amazon.com	$3.25
Maximum list price for this title is $11.35	What's this?	CreateSpace eStore	$5.85
		Expanded Distribution	$0.65
Yes, suggest a GBP price based on U.S. price	What's this?		
£ 9.87	GBP**	Amazon Europe	£2.14
Minimum list price for this title is £6.30		For books printed in Great Britain	
Yes, suggest a EUR price based on U.S. price	What's this?		
€ 11.56	EUR**	Amazon Europe	€2.64
Minimum list price for this title is €7.15		For books printed in continental Europe	

Save   Save & Continue

Al hacerlo, haz clic en salvar y continuar.

11) Cover Finish
Es el tipo de papel con el que se imprimirá la pasta de tu libro. En lo personal, a mí me ha gustado más el glossy.

12) Description
Usa la misma descripción que usaste cuando publicaste tu libro en Kindle. Trata de buscar las mismas categorías que elegiste en Kindle en la opción *"BISAC Category"*. En este caso, Createspace te pide que elijas un nivel de lectura. Para mi primera novela de ficción elegí *"Sixth Grade"*. La información adicional es opcional, pero te alentaré a llenarla. Selecciona el idioma, país de publicación, e importante que coloques las mismas keywords que usaste para tu versión Kindle. Selecciona salvar y continuar.

13) Publish on Kindle
No es necesario. Ya has publicado tu versión en Kindle. Pero es importante que en cuanto tu versión física esté lista cómo te muestro en la imagen debajo, envíes un correo a KDP pidiéndoles que hagan un match de tu versión Kindle con Paperback. De esa manera, las personas que vean tu libro

podrán hacer una comparativa del precio, de lo que te hablaré en el capítulo 4.

Una vez que completes todos los pasos, verás en tu escritorio de Createspace algo similar a lo que te muestro en la imagen de abajo:

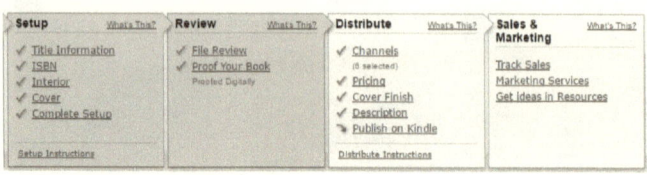

Y con este último paso habrás completado la publicación de tu libro en papel.

PARTE 4
Marketing para Autores

¿Qué sigue?

La publicación en Kindle Direct Publishing y Createspace es sólo el primer paso, sin embargo, es un gran logro para ti cómo autor. Quiero que disfrutes ese momento en el que finalmente has logrado lo que te habías propuesto durante mucho tiempo. Ahora, quiero tocar algunos últimos puntos antes de continuar con algunos consejos sobre Marketing para que tengas éxito con tu libro.

Ahora que has publicado tu libro en formato físico, si eres coach, empresario, orador motivacional puedes imprimir cientos de copias de tu libro sin necesidad de recurrir a una editorial. Esto es magnífico porque Createspace te maneja un precio módico para ti cómo autor. Cada copia te cuesta entre 3 y 4 dólares. El envío puede variar, pero eso no debe ser impedimento para ti cómo persona ya que esta pequeña inversión que hagas puedes recuperarla en tu plática, charla, conferencia o evento que estés llevando a cabo. Cómo autor de ficción, la primera vez que hice esto fue en el 2014. Fue algo sensacional. Pedí casi 100 copias de mi primer libro ya que me había inscrito a la Feria Internacional del Libro en Monterrey, México y los resultados fueron magníficos. Logré vender casi todas las copias de mi libro y bueno regalé algunas cuantas entre mis amigos y familiares. Pero, sin duda alguna, recuperé mi inversión y cómo estrategia de marketing tener un libro publicado en papel es muy bueno. Te posiciona cómo un autor o escritor reconocido dependiendo del género que escribas. Si escribes sobre auto-ayuda o temas en los que eres experto, te posiciona cómo una autoridad en tu nicho o campo laboral.

Cómo autor, escritor y emprendedor dentro del mundo online lo recomiendo ampliamente. A lo largo de estos tres años dentro del mundo de la auto publicación mi experiencia ha sido maravillosa. Recuerda que un libro es tu nueva tarjeta de presentación ante un mundo de emprendedores cuando de hacer negocios se trata, o una prueba tangible de que eres un experto en el tema.

Dentro del mundo de los Ebooks, el mercado en español ha crecido a pasos agigantados durante los últimos tres años. He visto gente logrando resultados increíbles con sus libros incluso me ha tocado ver gente que renuncia a sus trabajos para vivir de su escritura.

Mi primer libro de ficción, que volví a lanzar el 23 de Agosto de 2016 había vendido más de 500 copias para finales de septiembre y eso fue algo maravilloso para mi cómo autor después de un lanzamiento exitoso. Me alentó a seguir escribiendo más y más libros y eso es lo que quiero que tú tengas, un lanzamiento exitoso y que triunfes con tu libro.

Construye tu lista de suscriptores (tus fans)

A pesar de la cantidad y variedad de redes sociales y medios digitales que existen para promocionar tú libro, autores Best Sellers reconocidos por USA Today y The New York Times y un gran número de expertos dentro del mundo Online recomiendan que tener una lista de correos es primordial si quieres iniciar una carrera cómo autor dentro del mundo de la auto publicación y los negocios digitales. El correo electrónico es la vía de comunicación más directa e íntima con nuestros lectores.

Una lista de correos te permite mantener una comunicación cercana con tus lectores a través de noticias o nuevos proyectos que cómo autor estés iniciando. Si eres blogger y tienes una lista, debes saber de lo que estoy hablando. Es un medio a través del cual puedes anunciar lanzamientos de nuevos libros, actualizaciones, ofertas especiales u otra actividad relacionada con tu carrera cómo autor.

Al hablar de una lista de correos, no se trata de conseguir todos los correos de tus lectores y almacenarlos en una base de datos de Excel. Hablo de que en la actualidad existen una gran cantidad de servicios que te permiten cumplir este objetivo y ahorrarte dolores de cabeza, dentro del cual la persona puede suscribirse de manera voluntaria a través de una página de captura y darse de baja en cualquier momento que guste. Una página de captura es el lugar al que tu prospecto o lector potencial llegará y tomará la decisión de si descarga o no lo que le estás ofreciendo a cambio de su correo.

Ejemplo

Algunos de los servicios más recomendados para administrar una lista de correos y que he probado son Mailchimp y Aweber. Pero sin duda, el que más ha tenido impacto en mi carrera cómo autor y emprendedor ha sido Active Campaing. Estos servicios permiten gestionar desde la prospección hasta la venta de cualquier producto que desees a través de páginas web muy fáciles de configurar. Puedes tener tu sitio cómo autor listo y ofrecer algo a cambio a través de tu página de captura para que la gente llegue y se suscriba con herramientas cómo Clickfunnels u Optimize Press. Si estás escribiendo novelas de ficción puede ser un "libro imán" cómo capítulos extras ó un detrás de escenas. Si estás escribiendo un libro motivacional puede ser un curso gratuito, un audio de motivación o un recurso que complemente la lectura de tu libro y ayude a tu lector a preparase para comprar tus próximos productos.

Esto es algo que inculco mucho a mis alumnos de Lanza tu Libro con Éxito porqué los lectores son parte fundamental de nuestra carrera cómo autores. Necesitamos una vía de comunicación con ellos y el correo electrónico es la mejor opción y para ello tienes que ofrecerles algo de forma gratuita de manera que puedas empezar una relación con ellos a largo plazo.

Otro punto muy importante es que cuando una persona llega a tu lista de correos debes aprender a mantener una relación muy cercana con ella, por ello el correo es la vía más directa. Una de las claves para lograr tener una relación cercana con nuestros lectores es el *copywriting* también conocida como *escritura persuasiva*. Si eres un escritor de temas motivaciones debes conocer a fondo a tu cliente ideal. Tienes que conocer cuáles son sus problemas y saber exactamente lo que quieren ya que sobre eso podrás ofrecerle soluciones ya sea a través de tu libro o un curso online. Y una de las mejores formas para lograr que confíen en nosotros y compren nuestros productos es el copywriting.

El copywriting te ayudará a identificar cuáles son las palabras exactas que tu cliente ideal habla. Por eso es muy importante ofrecerle las mejores soluciones basadas en lo que ellos quieren, no en lo que nosotros queremos venderles. Hay que hacer hincapié en que estas soluciones deberán solventar sus problemas. Es la habilidad que te ayudará a hablar el idioma que tu cliente habla. Si escribes novelas de ficción, el copywriting te ayudará a entender cómo las personas buscan los libros sobre los que escribes dentro del mundo del Internet y expresan su sentir sobre ellos.

Para empezar a establecer una comunicación con tus lectores fieles necesitarás una página de captura en tu sitio web, contenido gratuito que ofrecerles a tus lectores que complemente tu primer libro y que abra la puerta a tus productos o próximos libros y una lista de suscriptores que será el arma secreta en toda tu carrera cómo autor. Tus lectores te van a respaldar durante cada lanzamiento nuevo que hagas y eso marcará una gran diferencia en tus ventas.

Tu plataforma de autor

"Todo autor necesita una plataforma. Un escenario. Un lugar desde el cual pueda comunicar su mensaje. Esta es la primera herramienta que tú necesitas" -Jeff Goins

Una plataforma es algo que sólo tú puedes construir. Es aquel lugar desde el cual vas a comunicar tu mensaje, en este caso, tu libro. No es algo que puedas robar o pedir prestado, sino que es algo que tienes que crear tú mismo para mantener un canal de comunicación con nuevos lectores. En la actualidad hay distintas maneras de comunicarse con una audiencia. Canales de exposición cómo YouTube, un Blog, un Podcast, un programa de televisión son sólo unos ejemplos. Pero quiero que vayamos a algo más profundo, algo que poseas tú directamente: una página web.

Una de las formas en la que un autor puede ponerse en contacto con sus nuevos lectores es una página web. No es algo cómo Facebook, Twitter o Instagram que no son directamente tuyos. Es la segunda mejor opción después de una lista de suscriptores.

Facebook, Twitter y otros medios de comunicación social actúan como una especie de tráfico hacia tu página, e incluso, hasta Amazon puede jugar una parte fundamental en ello. Otra de las ventajas es que tu plataforma de autor muestra tu trabajo cómo escritor al mundo. Para quede más claro, quiero ponerte un ejemplo más sencillo, *¿Recuerdas a aquellas personas que se sientan a cantar afuera de los restaurantes o incluso en el metro?* Ellos buscan una plataforma en la cual puedan mostrarle su arte al mundo. Su arte es cantar y el tráfico son las personas que pasan caminando por dónde ellos están. Las personas que se detienen a ver a esta persona que está cantando son personas que se han interesado en observar lo que tiene que mostrar. Esa es una estupenda forma de mostrar tu arte al mundo. Aunque en el caso de nosotros los escritores una forma es nuestra página web o incluso un vídeo en el que hablemos de nuestros libros.

¿Cómo crear una plataforma de autor?

Existen una gran variedad de páginas que ofrecen sus servicios para que puedas construir tu plataforma. En mi experiencia, la mejor ha sido Wordpress. Es muy sencillo de usar. Wordpress ofrece esquemas de páginas gratuitas, la única desventaja es que la dirección de tu página sería propiedad de Wordpress.

Para ello, vas a necesitar adquirir un dominio propio "tupágina.com", el cual te recomiendo que compres en GoDaddy. No debe de costarte más de 10 dólares por año y adquirir un hosting (alojamiento de sitios web), que no es más que el repositorio de datos de tu plataforma de autor. Compañías como Webempresa ofrecen sus servicios de hosting desde 79 dólares al año con un espacio de 1 GB y la ventaja es que puedes almacenar información de hasta tres páginas distintas. La experiencia y los resultados son invaluables, además de que Wordpress es muy sencillo de configurar. Aquí te dejo una lista con ejemplos de plataformas de varios autores:

Checko E. Martinez
https://www.checkobooks.com
J.K. Rowling
https://www.jkrowling.com/
Mark Dawson
https://markjdawson.com/
J.F. Penn
https://jfpenn.com/
Joanna Penn
https://www.thecreativepenn.com/
Cassandra Claire
http://cassandraclare.com/

Puedes encontrar información (tutorial en inglés) sobre cómo construir tu plataforma de autor en:
https://www.thecreativepenn.com/2009/08/14/3-steps-to-start-author-platform-building/

Recomendaciones de precios

Durante los últimos capítulos hemos mencionado algunas cosas sobre los precios para los libros. En el mundo de la auto publicación no existen reglas, aunque si existen mejores prácticas y unas de ellas son las estrategias de los precios. Te voy a compartir algunas.

Durante el lanzamiento de tu libro, *¿recuerdas que te recomendé hacerlo gratis durante 5 días?* La idea es que uses el máximo tráfico gratuito hacia tu libro de manera que antes de que pares manualmente tu promoción (*no esperes a que KDP la detenga*) cambies el precio de tu libro a 0.99, 1.99 o 2.99, dependiendo del precio que tengas pensado. En el caso de los nuevos libros, una de las mejores estrategias es ir escalando el precio a través de los comentarios de Amazon. Aunque si mantienes un precio bajo eso significará que podrás tener más ventas y más tráfico hacia tu plataforma de autor.

Recuerda, el cambio de precio tarda entre 4 y 6 horas para verse reflejado por ello debes usar los horarios más adecuados. La hora estelar, que generalmente va de 6:00 de la tarde a 9:00 de la noche es una excelente ventana para obtener más ventas. Te recomiendo que después de que termine tu promoción gratuita, cambies tú precio a $0.99 dólares. La gente dirá, "Eso es prácticamente gratis". De esta manera, puedes asegurarte de ir pidiendo reviews o comentarios positivos en Amazon a aquellas personas que se han registrado a tu lista de correos a través de tu página de captura. Todo porque vieron un mensaje dentro tu libro. Los reviews o comentarios positivos actúan como un factor de decisión ante la compra de un libro nuevo.

El tiempo estimado que un comprador potencial pasa en una página de un libro es de 30 segundos así que tu tarea cómo autor es tener la mejor carta de venta para que las personas que lleguen a ver tu libro no duden en comprarlo. Entre más reviews y comentarios positivos tengas, mayor será la posibilidad de que existan más ventas y más personas compren tu libro.

¿Recuerdas que te recomendé que enviaras un correo a Amazon KDP para que hicieran un match entre tu libro impreso y tu libro Kindle? La razón es la siguiente. Hay muchas personas que aún leen libros físicos y que a pesar de ello también leen en Kindle. Siempre están buscando la opción más económica o que más les convenga. Puedes ver un ejemplo en la imagen de abajo:

Print List Price: ~~$12.99~~

Kindle Price: $0.99

Save $12.00 (92%)

Cómo ves se muestran dos opciones. El precio de la versión impresa y el precio de la versión Kindle. La diferencia es un 92% que te estás ahorrando entre una y otra. Esto es una excelente estrategia de Marketing que su función es romper objeciones y que además Amazon te da la oportunidad de usar para que tu carta de ventas sea lo más atractiva posible.

CHECKO MARTINEZ

Permafree: La clave para ganar más lectores

Cómo escritores auto publicados tenemos la oportunidad de llegar a miles de personas en el mundo. Sin embargo, nuestro trabajo no termina con un libro publicado. Si de verdad queremos ver esto cómo una forma de vida y construir una carrera sólida debemos pensar a largo plazo y tener una estrategia inteligente que nos permita captar más lectores. El permafree es una de las mejores formas para lograrlo. Permafree viene de "Permanent" y "Free" que significa permanentemente gratis.

Para ponerlo más claro quiero que recuerdes a las demostradoras que te ofrecen muestras gratuitas de un producto en particular dentro de los supermercados. Ya sea una muestra de jamón, queso, etc. Si te gusta lo que ellos ofrecen, es tu decisión si compras o no la porción entera. La muestra gratuita es un permafree.

En el mundo de la auto publicación el permafree es un libro gratuito. Puede ser una novela corta o una novela larga si es el primer libro en una saga. Si tu libro es motivacional, puede ser el libro que estés escribiendo. La intención de usar un libro permafree es dirigir tráfico gratuito de lectores hacia nuestro próximo libro a través de un puente conocido cómo libro imán.

Permafree -> Libro Imán o Curso Gratuito -> Tu Próximo Libro o Tu Producto

En mi caso tengo un permafree que es "Secretos del Pasado" que me ha permitido traer hasta casi 100 suscriptores por mes de manera orgánica (sin publicidad pagada). Ellos llegan a mi lista a través de mi novela corta "Secretos de una Conspiración" que es un recopilado de escenas sobre lo que pasó antes de que comenzara la historia de "Secretos del Pasado". Después de darles la bienvenida a mi lista de correos les hago un "upselling" de "El Misterio de la Máscara". Hacer un upselling no es más que ofrecerles tu próximo producto.

Dentro de mi curso Lanza tu Libro con Éxito esto es algo que vamos construyendo a detalle, paso por paso, clic por clic de manera que los alumnos empiecen a construir su propio sistema de ventas o imperio cómo escritores publicados. Esto es algo que en lo personal ha marcado una gran diferencia en mi carrera cómo autor y que me ha permitido aumentar mis ingresos dentro de Amazon y traer más de 100 nuevos clientes cada mes. En definitiva, si quieres construir tu imperio cómo escritor de ficción, te recomiendo tener un libro permafree dentro de tu saga si tu intención es escribir más libros. Si estás escribiendo un libro de motivación y no tienes interés por escribir más libros, puedes usarlo como un permafree para escalar o hacer crecer tu negocio. De manera que mes a mes tengas nuevos prospectos que confían en ti gracias a tu libro y están listos para comprar tus próximos productos o servicios cómo coaching online, coaching presencial, cursos online, libros impresos, recetas, software, conferencias, talleres, etc. Las posibilidades son infinitas.

Libro Imán

Una de las formas de enganchar a tus nuevos lectores para que lean tu próximo libro es a través de un libro imán. En el mundo de la auto publicación se le conoce cómo "Libro Imán" a aquella obra que sirve cómo puente de transición entre el libro #1 y #2. Incluso, muchos autores han usado su libro #2 cómo un libro imán que les ha servido de puente para que sus lectores lleguen al libro #3. En el mundo de los negocios online se le conoce cómo "Imán de Prospectos", definido cómo un producto gratuito que añade valor a una persona que está potencialmente interesada en adquirir nuestros servicios o productos.

Dentro de mi curso Lanza tu Libro con Éxito los alumnos aprenden a crear su propio Libro Imán de manera que puedan tener enganchados a sus lectores. La idea es darles algo que les añada valor a cambio de sus correos para mantener el contacto con ellos. Yo en lo personal he usado un libro imán llamado "Secretos de una Conspiración" por más de un año que me ha permitido darle una probada a mis lectores de lo que será mi segundo libro.

Ejemplos de un libro imán:

- Novelas cortas de 20,000 a 45,000 palabras.
- Novelas de 50,000 a 100,000 palabras.
- Libros con escenas extras de 7,000 a 15,000 palabras.
- Libro de Autoayuda #2

Cómo te he platicado, si eres de las personas que escribe libros de motivación o autoayuda, puedes evitar el libro imán y crear un imán de prospectos.

Ejemplo de un imán de prospecto:

- Curso gratuito
- Versión audiobook de tu libro
- Plantillas, Templates, Hojas de trabajo

- Plan para lograr un objetivo en particular
- Recetas
- Invitación a un Webinar, Conferencias, Talleres
- Cupón de descuento para tus productos

Cómo ves, las posibilidades son infinitas. Puedes crear tu libro imán o el imán de prospectos que más se acomode a ti.

Es tu turno. Ahora te toca a ti, ¡a escribir!

¿Necesitas más ayuda?

Si necesitas más ayuda:

Para consejos y tips sobre escritura y publicación de libros, puedes visitar mi blog www.publicatuprimerlibro.com dónde encontrarás la información necesaria totalmente gratuita con pasos accionables sobre todo lo tienes que hacer para terminar de escribir tu libro y publicarlo con éxito.

Para aprender más sobre las herramientas utilizadas por autores best seller, revisa el Kit de Herramientas del Escritor en https://arte-escribir.com/kit-herramientas

Y finalmente, me encantará leer tus comentarios y saber tu opinión, así que escríbeme a checko@publicatuprimerlibro.com.

Recuerda que también puedes unirte a la comunidad de Escritores Creativos en Facebook dónde podrás conocer a otros escritores que ya están escribiendo sus libros alistándose para publicarlos.

Dentro de esta comunidad puedes contarnos los avances de tu libro, tus logros e incluso los retos u obstáculos que estás enfrentando. Esta comunidad es de apoyo y puedes contarnos lo que te sea apropiado referente a tu libro. Estamos en la mejor disposición de ayudarte a lograr tus metas :)

Pide tu acceso aquí:
https://www.facebook.com/groups/656617534439423

¡MUCHAS GRACIAS LECTOR!

Si te ha gustado este libro y tienes cinco minutos, me harías muy feliz dejando un comentario positivo en la página del libro en Amazon.

Al hacerlo, estarás contribuyendo a la difusión de la lectura y me ayudarás a seguir escribiendo nuevos libros :)

Con aprecio,

Checko Martinez

LANZAMIENTO EXITOSO

Sobre Checko Martinez

Checko Martinez, quien escribe novelas de ficción bajo el seudónimo de Checko E. Martinez, es un Autor Best Seller de Amazon a nivel internacional de libros de suspenso, misterio, fantasía y ciencia ficción, así como también autor de no ficción relacionado con la escritura, publicación y marketing de libros. Es fundador de Publica Tu Primer Libro, el Arte de Escribir y el programa premium Lanza Tu Libro con Éxito.

A través de su blog www.PublicaTuPrimerLibro.com, Checko ayuda a las personas a escribir y lanzar sus libros a través de artículos, vídeos y cursos online.

Conecta con Checko:

Web:
https://www.publicatuprimerlibro.com/contacto

Twitter:
https://twitter.com/thecheckomtz

Facebook:
https://facebook.com/escueladeautopublicacion

Página Oficial "CheckoBooks":
https://facebook.com/checkobooks

La plataforma de autor de ficción de Checko es: www.CheckoBooks.com

Los libros de Checko E. Martinez son:

- Secretos del Pasado
- El Misterio de la Máscara
- La Rebelión de los Cazadores

Más información:

Checko es un ingeniero egresado de la Universidad Autónoma de Nuevo León, en Monterrey, México. Ha participado en numerosos eventos desde el 2014, cómo la Feria Internacional del Libro a través de su ficción. Checko ha trabajado más de 8 años en el mundo laboral cómo Consultor de Procesos dentro de la industria IT pero ahora es un autor-emprendedor de tiempo completo. Su pasión es escribir libros y crear nuevas historias. Le encanta el misterio y todo lo relacionado con la historia de los lugares, así como también salir a correr y hacer mucho ejercicio. Es un fiel creyente de que el ejercicio es un componente indispensable es nuestro desempeño diario cómo seres humanos.

Agradecimientos

Gracias a todas las personas que ha asistido mis talleres online en vivo y que ahora son parte de la comunidad de Escritores Creativos. Su participación entusiasta me ha llevado a encapsular toda la información necesaria en este libro.

Gracias a la gente que me ha seguido en mi blog y a las personas que se han mantenido al tanto leyendo todos mis artículos. Su apoyo y su retroalimentación han sido fundamental para la creación de este libro y mi carrera cómo autor y emprendedor.

Gracias a toda la gente que me apoyó con el lanzamiento de mis primeras tres novelas y a la gente que las ha adquirido.

Gracias a todos los lectores que ahora son parte de mi comunidad. El aprendizaje y la experiencia que he adquirido a través de ustedes y que me ayudó a crear este libro no habrían sido posibles sin su apoyo.

LANZAMIENTO EXITOSO

MASTERCLASS GRATUITA

POR TIEMPO LIMITADO - Al haber adquirido este libro tienes acceso a tu CLASE GRATUITA con tips adicionales para escribir tu primer, publicar y vender tu primer libro con éxito.

Haz click aquí para comenzar:
https://checkomartinez.com/taller-gratuito

LANZAMIENTO EXITOSO